LA REINE JUANA

DU MÊME AUTEUR

―――――

Rome vaincue, tragédie en cinq actes.

La Jeunesse de François Ier, drame en cinq actes.

Séphora, mystère en deux actes.

Les Cris de la Chair et les Voix de l'Ame, poésies.

Le Théâtre en France, critique.

Sous presse :

Théâtre complet, 2 volumes.

LA REINE JUANA

1507-1555

DRAME EN CINQ ACTES, EN VERS

PAR

ALEXANDRE PARODI

Représenté pour la première fois à Paris, sur le Théatre-Français
le 6 mai 1893.

PARIS

E. DENTU, ÉDITEUR

LIBRAIRE DE LA SOCIÉTÉ DES AUTEURS DRAMATIQUES

PLACE DE VALOIS, 3, PALAIS-ROYAL

1893

PERSONNAGES

DON CARLOS, plus tard CHARLES-QUINT..... MM. Worms.
DON FERNAND, roi d'Aragon............ ...... Leloir.
LE MARQUIS DE DENIA.... .... Paul Mounet.
DON ARIAS............. .... Lambert.
LE DOCTEUR SOTO. .... Laugier.
DON JUAN DE PADILLA............ .. ... Leitner.
FRAY MARCOS............................ Martel.
MOSEN FERRER... .... Dupont-Vernon
DON TELLO....... ... . Clerh.
DON ALONZO. .... Gravollet.
DON ENRIQUE .... Dehelly.
PREMIER MOINE.. .... Villain.
SECOND MOINE................. ... . Falconnier.
LE CHEF DES DÉLÉGUÉS DES CORTÈS........ Joliet.
UN ENVOYÉ DE CHARLES-QUINT............. Hamel.
UN CHAMBELLAN........................ . . Roger.

DOÑA JUANA, reine de Castille. .... Mmes Dudlay.
DOÑA FLORESTA....................... Brandès.
DOÑA CATALINA, infante, 13 ans.............. Gaudy.
ESTRELLA, } femmes de service.......... ... { Drunzer.
CASILDA, {   { Jamaux.

DÉLÉGUÉS DES CORTÈS, ÉVÈQUES, MOINES, PRÊTRES, SEIGNEURS,
OFFICIERS, GARDES, PEUPLE.

L'action se passe : Au 1er acte, dans le bourg de Tortola ; au 2e acte, à
Burgos ; dans les trois actes suivants, à Tordésillas.
Époque : XVIe siècle.

N. B. — Les vers marqués d'un astérique sont supprimés au théâtre,
ou remplacés par des variantes qu'on trouvera à la page 151.

Pour la mise en scène détaillée, s'adresser à M. Gaillard ; pour la
musique de scène, à M. L. Léon, à la Comédie-Française.

A LA

COMÉDIE-FRANÇAISE

au glorieux théâtre qui ennoblit tout ce qu'il accueille,
Hommage reconnaissant

ALEXANDRE PARODI.

Paris, 5 mai 1893.

A SOPHOCLE

Harmonieux génie à la lyre d'ivoire,
Égal à Phidias et pareil à ses Dieux,
Roi calme et grand de l'Art ennobli par ta gloire,
La Vie épouse en toi l'Idéal radieux.

Le plus puissant des arts, le plus proche de la nature,
le plus digne du génie, car en reproduisant par la parole
et par l'action, devant les hommes assemblés, la vie
humaine, il en révèle les mobiles intimes et peint les
énergies psychiques en lutte avec la loi mystérieuse du
Destin, l'Art dramatique, dont la tragédie est la forme souveraine, ne possède qu'une seule œuvre comparable au
Parthénon : et cette œuvre unique est sortie de ton âme
pleine du souffle d'Athènes, le lendemain de Salamine, ô
poète de la Douleur, immortel comme elle !

Protège cet essai, et reçois l'hommage que rend à ton
génie, vingt-quatre siècles après ton apparition, l'enthou-
siaste piété du plus humble de tes fils.

Paris, 9 janvier 1890.

LA REINE JUANA

ACTE PREMIER

Le théâtre représente une grande salle dans un couvent de dominicains, au sommet d'une montagne, près de la frontière d'Aragon. A gauche, un cloître; à droite, une large porte aux battants de fer, précédée d'un perron à trois marches. C'est la nuit. La salle, meublée de quelques stalles, d'un prie-dieu et d'un crucifix, est éclairée par une lampe suspendue. Sous le crucifix, un reliquaire.

SCÈNE PREMIÈRE

PLUSIEURS JEUNES MOINES DOMINICAINS, PARMI LESQUELS SOTO.

PREMIER MOINE, venant de la chapelle.

Encore un jour qui meurt et nous laisse vivants!

DEUXIÈME MOINE.

A cette heure, partout dans nos mille couvents,
S'interrompt la prière et fait trève l'étude.

PREMIER MOINE, s'approchant de la porte.

Quel calme! Quel silence emplit la solitude!
Le bourg s'endort, là-bas; et ce cloître, isolé
Sur le mont, veille seul dans le ciel étoilé!
(Pendant ce dialogue, d'autres moines se promènent sous les arcades.)

DEUXIÈME MOINE.

Qu'il est doux de fouler de nos brunes sandales,
En devisant du ciel, la mousse de ces dalles,
Sous la hauteur des arcs dont la pierre a noirci!
La guerre est dans le monde et la paix est ici.

PREMIER MOINE.

Mais une active paix que la gloire accompagne,
Comme il convient aux fils du plus grand saint d'Espagne.
(A Soto qui vient à leur rencontre.)
Ainsi, c'est décidé?

SOTO.

L'ortie aura mon froc!
Demain, au jour naissant, je m'envole; et ce roc
Ne verra plus, oisif dans sa cage gothique,
L'esprit, né pour penser, ânonner un cantique.
Adieu, murs trop épais, lourds piliers, noirs frontons!...

DEUXIÈME MOINE.

Vous nous quittez joyeux, et nous vous regrettons.

SOTO, galment.

Ainsi Didon pleurait le fugitif Énée!

PREMIER MOINE.

Notre vie est pourtant de quelque joie ornée :
D'autres sèment pour nous et, comme Adam jadis,
Nous cueillons, sans nuls soins, les fruits du paradis.

SOTO.

Le meilleur, le savoir libre et jeune, vous manque !
Pour m'en rassasier, je vais à Salamanque.

DEUXIÈME MOINE.

Eh! quel est le savoir qui ne cède à la foi?

SOTO.

La foi vous cloue au dogme, et j'ai des ailes, moi,
Dont je me sers ! Depuis trente et quelques années,
Mille travaux divers ont rempli mes journées;
Car mes dégoûts sont prompts et vaste est mon ennui :
Ce que j'aimais hier me déplaît aujourd'hui.

PREMIER MOINE.

Quel état vaut le nôtre? Élite redoutée,
Dans les conseils des rois notre voix est comptée;
Nous expliquons la mort aux peuples à genoux;
Dieu nous doit de régner !

DEUXIÈME MOINE.

Les âmes sont à nous !

SOTO.

La science des corps me tente davantage.
Mon humble esprit n'est point d'un assez haut étage
Pour atteindre le ciel et voir ce qui s'y fait :

Je vous laisse la cause et m'attache à l'effet.
Frères, sondez la mort : je veux scruter la vie !

PREMIER MOINE.

Eh bien, docteur futur qu'aucun de nous n'envie,
Expliquez-nous le cas qui, depuis tant de mois,
Fait partout l'entretien de l'Espagne et des rois.
Soto, que pensez-vous de l'état de la Reine?

SOTO.

Je trouve sa douleur comme elle souveraine,
Je la trouve sublime ; et j'admire le cœur
Qui montre à la nourrir une telle vigueur.
On n'a jamais aimé d'une âme plus royale :
La veuve inconsolable est l'épouse idéale ;
Et Philippe le Beau, l'objet d'un si long deuil,
Doit tressaillir de joie au fond de son cercueil.

PREMIER MOINE.

Il doit frémir d'horreur !

SOTO.

Et pourquoi?

PREMIER MOINE.

                    Le dirai-je?
Ce culte pour un mort me paraît sacrilège.
Pourquoi 'a-t-elle pris au sépulcre? pourquoi
Traîne-t-elle partout ce cadavre de roi,
Décoré par ses mains d'un somptueux costume ?
Où conduit-elle ainsi son idole posthume?...
Le désespoir sans doute a troublé sa raison !

DEUXIÈME MOINE.

On le dit.

SOTO.

Et l'écho prolonge au loin le son.

PREMIER MOINE.

Don Fernand, alarmé, pour secourir sa fille,
A quitté l'Aragon et revient en Castille.

DEUXIÈME MOINE.

Puisse ce roi pieux, qu'aimait Torquemada,
L'arracher au démon qui toujours l'obséda !

SOTO.

Pauvre Reine ! L'un veut qu'elle soit hérétique,
L'autre croit qu'elle est folle...

PREMIER MOINE.

Et vous ?

SOTO.

La politique
A des gouffres profonds où je n'ose plonger.

PREMIER MOINE.

Ne sommes-nous pas seuls ?

(Groupés sur le devant de la scène, les jeunes religieux ne voient pas leur prieur,
Fray Marcos, qui, depuis quelques instants, les écoute, derrière eux, debout
entre deux piliers.)

SOTO.

J'aime peu le danger :
La hart ni le bûcher n'ont rien qui m'affriande ;
Aussi, respect aux rois !

SCÈNE II

Les Mêmes, FRAY MARCOS.

FRAY MARCOS, s'avançant.

                    Votre prudence est grande !
Vous avez néanmoins laissé voir un soupçon
Sur la mort de Philippe et parlé de poison.

SOTO.

Ce soir ?

FRAY MARCOS.

Le lendemain de cette mort soudaine.

SOTO.

L'an dernier !... Aujourd'hui la cause en est certaine.
(Il se tourne vers les jeunes moines et, avec volubilité, il débite :)
Il venait de jouer à son jeu favori,
A la paume, en plein air, le front nu, sans abri.
Son corps était brûlant, sa poitrine oppressée.
Pour étancher sa soif, il but de l'eau glacée. .
Un frisson le saisit ; puis, la fièvre survint ;
Rien ne put le sauver : il mourut. — Tout s'éteint,
L'éclat de la jeunesse et l'éclat de la rose !

FRAY MARCOS.

Allez, mes fils, rentrez. Que votre âme repose,
Ainsi que votre corps, dans la paix du sommeil !
Nous reprendrons notre œuvre au retour du soleil.
(Les moines s'éloignent. Retenant Soto, il lui dit :)

Et vous qui nous quittez, gardez du séminaire
Au moins l'esprit !

SOTO.

L'esprit ?... Je l'emporte, mon père !

(Il s'incline et sort, à la suite de ses condisciples.)

FRAY MARCOS, resté seul.

Ce jeune homme est de ceux que le siècle naissant
Pousse vers l'avenir, qui se fait menaçant :
Il pense ; et la pensée a l'ambition haute,
Comme Satan !

(Après avoir regardé à la porte, il va s'agenouiller sous le crucifix.)

Prions, en attendant notre hôte.

(Au bout de quelques secondes, la porte s'ouvre. Entrent Mosen Ferrer, Doña
Juana et une duègne portant dans ses bras un enfant.)

SCÈNE III

DOÑA JUANA, MOSEN FERRER, FRAY MARCOS, LA DUÈGNE ET L'ENFANT.

DOÑA JUANA.

Où sommes-nous ?

MOSEN FERRER.

Au bourg de Tortola. Voici
Le cloître, Altesse. — Entrons !

DOÑA JUANA, hésitant.

Pourquoi tremblé-je ainsi ?

Au moment de revoir, après un an, mon père,
Au lieu de se calmer, ma douleur s'exaspère.
Il m'a quittée épouse heureuse et, devant lui,
Quelle je vais, hélas ! reparaître aujourd'hui !
(Elle descend un degré, s'y arrête, puis entre. Regardant autour d'elle et écoutant.)
Mais rien n'annonce un roi dans ce morne silence.

MOSEN FERRER.

Don Fernand a laissé depuis deux jours Valence
Et nous joindra bientôt.

FRAY MARCOS, s'avançant.

                    Loué soit le Seigneur
Qui réjouit mes yeux de ce dernier bonheur :
Vous revoir !

DOÑA JUANA reculant, surprise et alarmée.

          Fray Marcos ! L'inquisiteur !... Viens, duègne,
Partons !
(Elle s'approche vivement de son enfant et de la duègne, qui sont restés près de
la porte.)

MOSEN FERRER.

Et votre père ?

DOÑA JUANA, qui allait sortir, s'arrêtant.

                    Oui !

FRAY MARCOS.

                    Si la Reine daigne
Permettre, son enfant...

DOÑA JUANA.

Oh ! le pur front vermeil !...

(A la duègne :)

Mais, vois ! Son œil se clôt, sous le poids du sommeil,
Et sur sa fraîche lèvre erre un souffle de rose.
Pendant qu'ici j'attends le Roi, va ! qu'il repose
Dans quelque coin caché, loin des voix, loin des pas...

FRAY MARCOS, au frère servant qu'il a appelé, désignant la duègne.

Guidez-la.

DOÑA JUANA, suivant l'enfant, à la duègne.

Doucement !... Ne le réveille pas !...
Et ne le quitte point d'un instant... Veille, amie,
Sur cette tête d'or dans tes bras endormie :
Je n'ai que ses baisers pour essuyer mes pleurs !
Va !

(S'arrêtant sous les arcades et contemplant le ciel.)

Dehors, l'air est doux ; et, pareils à des fleurs,
Les astres, cette nuit, émaillent les parterres
Où se plaisent les yeux des veuves solitaires.
Depuis que la clarté des tiens a disparu,
Je fuis l'éclat du jour, et l'amour s'est accru
Avec l'amer regret dans mon âme blessée,
A ton âme, Philippe, à jamais enlacée ! —
Mais ai-je de si loin devancé son cercueil ?
Il devrait être ici !

(Elle s'avance vers la porte.)

MOSEN FERRER.

Ne passez pas le seuil.

DOÑA JUANA, *regardant au loin.*

Nulle lueur..., nul bruit... Où donc est le cortège ?
J'eus tort de le quitter... Que Jésus nous protège !

MOSEN FERRER, *plus rudement.*

L'air des nuits est malsain. Rentrez !

DOÑA JUANA.

Et quoi ! toujours
Mes vœux contrariés !

MOSEN FERRER.

Je réponds de vos jours.
La santé de la Reine est si fragile !

DOÑA JUANA, *rentrant.*

Reine
De nom, de fait captive... O Bonté souveraine,
Comme vous m'éprouvez !
(Mosen a fermé la porte. Doña Juana se laisse tomber sur une stalle.)
En vérité, je crois
Qu'on peut vous appeler, Mosen, le roi des rois ;
Car vous les régentez et maltraitez leur fille.
Qui croirait que je suis la reine de Castille,
Que la grande couronne étincelle à mon front,
A me voir d'un geôlier subir le vil affront ?

FRAY MARCOS, *durement.*

Du bonheur l'âme humaine est l'éternelle veuve :
Nul n'échappe au malheur, nul n'évite l'épreuve ;
Et vous n'avez pas cru que, pour le sang royal,
La mort fût impuissante et le sort partial !

DOÑA JUANA, se levant avec inquiétude, à Mosen Ferrer.

Où m'avez-vous menée?... Et dans ce cloître sombre,
Vous, que je croyais mort, devant moi, comme une ombre,
Pourquoi vous dressez-vous? et telle qu'autrefois
Entends-je encor gronder, Fray Marcos, votre voix?

FRAY MARCOS.

Ma voix n'est que l'écho des voix du sanctuaire.
Elle vous enseigna le respect du suaire
Qui revêt la milice auguste du Dieu fort.
Avez-vous oublié que c'est moi qui d'abord
Vous instruisis enfant? que je fus votre maître?

(Tout à coup, la cloche du monastère se met à tinter.)

DOÑA JUANA, tressaillant.

Le glas!

FRAY MARCOS, avec une joie féroce.

            Alleluia! Le jour qui va paraître
Sera sanctifié par un acte de foi!
Sur cinq bûchers, vingt juifs...

DOÑA JUANA.

                        Pour quel crime? pourquoi?
Qui les a condamnés?

FRAY MARCOS, avec hauteur.

                    La Sainte Cour suprême!

DOÑA JUANA.

Sans mon aveu! Rebelle à Philippe, à moi-même,

Elle osa transgresser notre arrêt solennel
Qui suspend sa justice?

FRAY MARCOS.

                  Un arrêt criminel,
Que n'a point inspiré l'intérêt de l'Église,
Ne saurait retenir le bras qui fertilise,
Par la flamme et le sang, la vigne des Élus.

DOÑA JUANA, avec des cris de souffrance.

Faites cesser ce glas! Que je n'entende plus
Les palpitations de ce bronze qui tremble
Et gémit, comme ceux qui vont mourir ensemble!
J'agonise avec eux et je souffre leur mort!

FRAY MARCOS.

Sacrilège pitié! Pouvez-vous, sans remord,
Des apôtres du mal déplorer le supplice?
A trop plaindre un coupable, on devient son complice!
Peut-on assez punir la noire impiété
Qui, s'attaquant à Dieu, combat la Vérité,
Pour qui tant de martyrs, qu'au ciel l'ange révère,
Ont accru de leurs os la hauteur du Calvaire?
Altesse, croyez-moi : quel que soit votre nom,
Quand nous avons dit Oui, n'osez plus dire Non.
Vengez Dieu sur l'impie et sur sa race immonde!
L'hérétique et le juif sont la peste du monde.
Assainissez l'Espagne et méritez l'honneur
D'affermir dans les temps l'empire du Seigneur!

(Le glas, interrompu un instant, recommence.)

DOÑA JUANA.

Leur mort ne vous suffit donc pas? Des yeux de l'âme,
Je vois ces malheureux se tordre dans la flamme...
Mères, femmes, enfants à notre cœur si chers,
Ils murmurent vos noms..., j'entends crier leurs chairs...
Faites cesser ce glas! par pitié pour moi-même!

FRAY MARCOS.

O bien digne, en effet, de ma pitié suprême,
Vous en qui de Satan fermente le levain!...
Quel prix de mes leçons!... quel fruit amer et vain!...
Rentrez dans le devoir, Reine, ou... tremblez! L'argile
Moins que l'homme, si fier de sa force, est fragile.
Pays mâle et croyant, l'Espagne veut des rois
Qui joignent dans leur main le glaive avec la croix.
Traquons l'impie! A nous, limiers de Calahorre,
Caïphe et Mahomet, le juif après le more!
Jurez vengeance au Christ! Voilà le crucifix.

(Il la prend par la main et, terrible, il l'amène devant le crucifix.)

DOÑA JUANA.

C'est le Dieu du pardon! Il dit à l'homme : « Vis
« Et revis! J'ai payé ta rançon. Aime! Espère!
« Je t'ai rouvert le ciel; je te rends à mon père! »
Et vous lui dites : « Meurs! Je te rends Lucifer! »
Et vous multipliez par vos bûchers — l'enfer!

FRAY MARCOS, reculant scandalisé.

Blasphème!... Il est donc vrai : de sa raison privée,
Au pire châtiment elle était réservée!

DOÑA JUANA.

Encor! Quel châtiment ai-je donc mérité?...
(S'agenouillant devant le crucifix)
O doux Seigneur Jésus, que ta sérénité
Descende en moi qui souffre et calme ma pensée!
Ce moine m'a toujours jusqu'aux moelles glacée...
Il ferait haïr Dieu même par ses propos!
(A Mosen Ferrer, d'une voix suppliante) :
Laissez-moi!... J'ai besoin de calme..., de repos...
Et d'oubli! — L'oratoire est-il loin?

FRAY MARCOS, montrant une porte sous les arcades.

Cette porte
Y conduit.

DOÑA JUANA, à Mosen Ferrer qui la suit.

Laissez-moi!

(Elle entre dans la chapelle.)

SCÈNE IV

FRAY MARCOS, MOSEN FERRER.

FRAY MARCOS, sombre et pensif.

Pourquoi vit-elle?... Morte,
Les fruits qu'elle promet ne pourraient plus mûrir.

MOSEN FERRER.

Son père la chérit, ou paraît la chérir ;
Et la nature seule a droit de mort sur elle.

FRAY MARCOS.

Contre lui de Philippe elle a pris la querelle :
Comment peut-elle encor, Mosen, trouver en lui
La faiblesse de cœur qu'il lui montre aujourd'hui ?

MOSEN FERRER.

Ses lettres, il est vrai, respirent la tendresse...
Il l'a pourtant laissée, aux jours de sa détresse,
Pleurer seule à Burgos la mort de son mari.

FRAY MARCOS.

Il n'a jamais sans but soupiré ni souri :
Le vieux roi d'Aragon est une âme profonde !

MOSEN FERRER.

Que domine une idée où tient le sort du monde :
L'unité de l'Espagne; et, par degrés soumis,
Dans son orbe entraînés les peuples ennemis.
* Prince que Machiavel offre en exemple aux princes,
* Ainsi que des chaînons unissant les provinces,
* Son grand rêve déjà semblait réalisé,
* Quant la mort de sa femme a soudain tout brisé.
Grenade, qu'il conquit bastille par bastille,
Les Indes et Léon et la double Castille
Florissaient sous son sceptre à l'Aragon unis ;
Mais, à peine Isabelle a clos ses yeux bénis,
Sa fille, par la voix de Philippe, réclame
Le trône maternel : elle y monte; on l'aclame;
Et le seul Aragon reste à Fernand vaincu.
Il fuit...

FRAY MARCOS.

Vous demeurez, et Philippe a vécu!

MOSEN FERRER, se troublant.

Quoi! Vous croyez?...

FRAY MARCOS.

Pourquoi te troubles-tu?

MOSEN FERRER.

Mon père,
Vous m'accusez à tort!

FRAY MARCOS.

Qui t'accuse?

MOSEN FERRER.

J'espère
Qu'aucun soupçon... Ma main n'a pas versé le sang!

FRAY MARCOS.

Le poison a suffi! — Du masque d'innocent
Ne t'embarrasse point. N'est-ce pas nous qui sommes
Les scrutateurs sacrés des actions des hommes?

MOSEN FERRER, à lui-même.

Un seul pouvait parler... Serait-il mort trop tard?

FRAY MARCOS.

Trop tard!

MOSEN FERRER.

Eh bien, tant mieux ! Je sens là comme un dard
Qui me fouille le cœur, quand ses fils ou sa veuve...
J'avais besoin d'un prêtre !

FRAY MARCOS.

Une impression neuve
Est toujours vive. Mais sois calme et reste fort :
Lorsqu'on vise un grand but, on peut donner la mort ;
Et, pour le bien public qui hasarde son âme
Semble un martyr du crime : il désarme le blâme.
Le mal est ce qui nuit. Meurtre utile, le tien
A d'un prince étranger et d'un mauvais chrétien
Délivré la Castille et l'ineffable mère,
L'Église..

(Il lève la main droite et absout Mosen Ferrer.)

Quel malheur que le mort, trois fois père,
Se survive en sa veuve et ses fils ! — Don Fernand,
Il est vrai, si longtemps inactif, maintenant
Sort de l'ombre : il revient ; mais revient-il en maître ?
Saura-t-il le gagner, ce peuple, ou le soumettre ?...
Que le Seigneur l'assiste et hâte son retour !

(On frappe à la porte.)

Regardez !

MOSEN FERRER, y courant et regardant.

C'est lui !

FRAY MARCOS, avec joie.

Lui !

(Entrent don Fernand et le marquis de Denia, tous les deux enveloppés de manteaux noirs.)

2

SCÈNE V

LES MÊMES, DON FERNAND, LE MARQUIS DE DENIA.

MOSEN FERRER, se découvrant et mettant un genou en terre.

            Don Fernand!... Que ce jour,
Qui ramène mon Roi, le rende à la Castille!

DON FERNAND, le relevant.

Mon fidèle Mosen!
            (Cherchant des yeux autour de lui, avec inquiétude.)
            Je ne vois pas ma fille.

MOSEN FERRER, désignant la chapelle.

Elle est là, dans l'église, Altesse, et vous attend.

DON FERNAND.

Quand l'œil ne la voit plus, si l'oreille l'entend,
Il suffit : on la peut laisser libre sans crainte.
Il faut avec douceur employer la contrainte.
Je vous l'ai toujours dit : c'est mon unique enfant!

MOSEN FERRER, s'alarmant.

L'aurais-je oublié, Sire?

DON FERNAND.

            Et mon cœur la défend,
Même contre l'État, dont l'intérêt nous mène,
Nous, chefs, élus par Dieu, de la famille humaine.

FRAY MARCOS.

La raison seule doit régner.

DON FERNAND, s'inclinant.

                    Après la foi,
Mon père. Mais hélas! l'homme vit dans le roi.
En faveur de mon sang, ma tendresse proteste;
Et j'aime mieux commettre une erreur manifeste
Que sur un front, qui m'est si cher, lever la main...
Prince faible plutôt que parent inhumain!
      (Une pause.)
J'avais pourtant rêvé de gouverner la terre
De haut, sans la sentir à mes pieds, solitaire
Dans ma force, au-dessus de la mobilité
Des vaines passions de notre humanité!

FRAY MARCOS.

Grand qui poursuit son but d'un esprit inflexible,
Pareil au trait que rien n'arrête, hors la cible!

DON FERNAND.

Telle est l'âpre vertu des justiciers sacrés
Que je salue en vous, l'un des plus vénérés,
Vous que n'entraîna point l'erreur de ce royaume;
Quand, tel qu'un chevalier sans épée et sans heaume,
Morne, il se débattait, dans les néfastes jours
Où je dus le laisser, sans conseil ni secours,
En proie à ce Flamand qui régnait pour ma fille.
Mais la mort secourable a sauvé la Castille.
L'Espagne aux Espagnols! Dieu, par ce coup d'éclat,
Me ramène d'exil, moi, son humble soldat.

FRAY MARCOS.

L'esprit du mort, hélas! persiste dans sa veuve
Et, nous bravant toujours, prolonge notre épreuve.

DON FERNAND.

L'épreuve cessera! Ne suis-je pas celui
Qui du sol des aïeux, enfin libre aujourd'hui,
Extermina l'Arabe? et que la voix publique
A, devant l'univers, sacré roi Catholique?
Secondez-nous! Je viens restituer la Loi,
La sagesse au Pouvoir et la force à la Foi!

FRAY MARCOS.

Puissiez-vous triompher! L'Église, notre mère,
Secondera le roi, s'il dompte en lui le père;
Car, j'ose l'affirmer, l'honneur commun défend
Le trône héréditaire à votre pauvre enfant.

DON FERNAND, dissimulant sa joie.

Qu'elle vienne! Il est temps que je juge moi-même
Des ravages qu'en elle a faits le mort qu'elle aime.
Dieu vous garde, mon père!

FRAY MARCOS sortant.

Et vous grandisse, ô Roi
Vainqueur de Boabdil et vengeur de la Foi!

SCÈNE VI

Les Mêmes, hors FRAY MARCOS.

DON FERNAND, avec plus d'abandon, d'un ton confidentiel.

Voici l'heure d'agir. La bataille s'engage ;
Et nous devons, pour vaincre, unir l'art au courage.
J'attends beaucoup de vous, de vous que je connais,
Amis prudents et sûrs, mon brave Aragonais ;
(Il touche l'épaule de Mosen Ferrer et prend ensuite la main du marquis de Denia.)
Et vous, dont mon exil tenta le cœur fidèle
Plus que d'un roi nouveau la fortune nouvelle,
Cher marquis de Denia !

LE MARQUIS DE DENIA.

Je sais garder ma foi :
Un Castillan loyal ne change point de roi !

DON FERNAND, prenant à part Mosen Ferrer et lui parlant à voix basse.

Rien n'a transpiré ?...

MOSEN FERRER, avec un peu d'ef'roi.

Rien.

DON FERNAND, le regardant fixement, d'un œil scrutateur.

Nul témoin ?... Nul vestige ?

MOSEN FERRER.

Nul... rien... J'ai seul agi. Ce serait un prodige
Qu'un tel secret d'Etat fût jamais pénétré.

DON FERNAND.

A toi tous mes trésors, car tu m'as délivré !
    (Élevant la voix.)
Tout reste à faire encor ! La Castille, rebelle
A l'ordre exprès, au vœu suprême d'Isabelle,
Au vote des Cortès qui proclama mes droits,
Me dispute toujours le sceptre de ses rois
Qu'abandonne la main de ma fille démente.

MOSEN FERRER.

Sire, un bruit, que sans cesse il faut que je démente,
Prétend que son esprit ne fut jamais troublé.

DON FERNAND, avec une vive inquiétude.

Qui donc, malgré mon ordre, avec elle a parlé ?

MOSEN FERRER.

Personne.

DON FERNAND.

        On l'a pourtant vue errer, sans compagnes,
Voilée et les pieds nus, blême, dans les campagnes,
Traînant de cloître en cloître un cadavre paré,
De prêtres, de flambeaux et d'encens entouré ?

MOSEN FERRER.

Le corps de son époux ne l'a jamais quittée.
La procession, Sire, un instant arrêtée,
Ne saurait être loin.

DON FERNAND.

On ne les verra plus!
Ces spectacles hideux, désormais superflus,
Doivent dans l'ombre enfin disparaître... avec elle!
Le calme seul guérit la déraison cruelle.
Et, bien que mon cœur saigne et que j'en pleure, hélas!
Mosen, vous conduirez Jeanne à Tordésillas.
Là, par vos soins adroits, la malade isolée,
Renaîtra dans l'air pur qu'embaume la vallée.

MOSEN FERRER.

Quand faudra-t-il partir?

DON FERNAND.

                Cette nuit même, avant
Que l'aube ait réveillé les cloches du couvent;
Quand notre cher Gonzalve et la solide armée,
Pour nous rejoindre ici dans Valence formée,
Auront en arrivant décidé mon départ.
        (Au marquis de Denia.)
Ce que j'attends de vous, vous le saurez plus tard.

LE MARQUIS DE DENIA.

Mon dévoûment est prêt, mon sang et cette épée
Lourde à vos ennemis et par l'honneur trempée.
Commandez! J'obéis, muet comme un soldat;
Car la Loi vit en vous, car vous êtes l'État!

DON FERNAND.

Mais que ma fille est lente à venir! Qu'on l'appelle!
        Mosen Ferrer, s'avance vers la chapelle. Au même instant, accourt Fray Marcos.

SCÈNE VII

LES MÊMES, FRAY MARCOS.

FRAY MARCOS.

Sire, doña Juana n'est plus dans la chapelle!

DON FERNAND, terrible.

Mosen! C'est donc ainsi que tu l'as su garder?

FRAY MARCOS.

Par la porte du chœur elle a dû s'évader.

MOSEN FERRER.

Elle vous attendait, Sire; et j'ai peine à croire
Qu'elle ait voulu...

(Tout à coup, on entend une musique funèbre qui se rapproche de minute en
minute.)

LE MARQUIS DE DENIA sous les arcades, regardant au dehors.

Voyez! voyez dans la nuit noire,
Sur le mont, ces flambeaux... cette croix d'or qui luit
Et lentement s'approche... Une foule la suit.

MOSEN FERRER, sur le seuil de la porte du fond qu'il a ouverte toute grande.

C'est le corps de Philippe! Et le rite funèbre
Qu'en son honneur, la nuit, doña Juana célèbre.

(On distingue la voix de la Reine qui entonne le « De profundis ».)

MOSEN FERRER.

L'entendez-vous ? C'est elle ! Elle n'avait donc fui
Que pour reprendre encor sa place auprès de lui.

(On voit paraître et s'avancer lentement le cortège funèbre formé de deux évêques
en habits pontificaux, de six prêtres en surplis, de moines, de gentilshommes,
parmi lesquels don Juan de Padrilla, et de gens du peuple. Devant le cercueil,
entouré de porteurs de torches, marche un moine portant une croix d'or ; des
enfants de chœur balancent des encensoirs. La procession pénètre dans le cloître
et défile devant le reliquaire placé sous le crucifix. Doña Juana, les mains jointes,
suit le cercueil.)

SCÈNE VIII

Les Mêmes, DOÑA JUANA.

DOÑA JUANA, s'adressant au cortège.

Les reliques du saint l'ont béni. Que le psaume,
Autour du jeune roi qui n'a plus de royaume
Et qui n'a pas encor le tombeau désiré,
Continue à mi-voix son murmure sacré !

(On dépose sur le seuil de la porte le cercueil autour duquel se groupe le cortège.)

DOÑA JUANA, écartant le long voile noir qui l'enveloppe, à Mosen Ferrer.

Mon père est-il enfin ici ?

MOSEN FERRER.

Depuis une heure,
Don Fernand vous attend.

DOÑA JUANA, avec hauteur.

Éloignez-vous!

(Elle se retourne et s'arrête, surprise, à la vue de don Fernand qui s'essuie les yeux.)

Il pleure!
Quelqu'un enfin, quelqu'un a donc pitié de moi!

DON FERNAND.

N'es-tu pas mon enfant, Juana?

DOÑA JUANA.

Mon père et roi!
C'est lui! c'est lui! Sa voix me plaint et me caresse...
Je vous suis chère encor!

DON FERNAND.

Douter de ma tendresse!
C'est mal. Viens dans mes bras, sur mon cœur attendri,
Viens, ma pauvre blessée, ô pâle front chéri!

DOÑA JUANA, fixant ses yeux irrités sur Mosen, qui l'a suivie.

Eh quoi! sombre espion, dont l'œil faux m'exaspère,
Ne puis-je librement parler même à mon père?

DON FERNAND.

Qu'on nous laisse!

(Mosen Ferrer et le marquis de Denia se retirent.)

SCÈNE IX

DON FERNAND, DOÑA JUANA.

DON FERNAND, désignant Mosen Ferrer.

Cet homme a trahi le respect
Qu'il te devait, ma fille?

DOÑA JUANA.

A votre auguste aspect...
Pardonnez!... j'aurais dû tout oublier, heureuse,
Après les mille horreurs de cette année affreuse,
De reposer mes yeux sur ces doux cheveux blancs
Et de sentir enfin, entre vos bras tremblants,
Votre âme caressante à mon âme sevrée
Verser le lait d'amour dont elle est altérée !
(Elle s'est affectueusement pendue au cou de son père.)
Je ne suis donc plus seule! Et je renais enfin
A l'intime chaleur du sentiment divin !
Mon angoisse s'apaise et, longtemps souhaitée,
A mes arides yeux une larme est montée !

DON FERNAND.

Pleure, ma Juana, pleure, et soulage ton cœur !

DOÑA JUANA.

Je sais ce qu'en la mort Dieu cache de douleur !
Martyre de l'amour, mon âme mutilée

Cherche en vain sa moitié dans la nuit envolée.
Que j'ai souffert! Le sein chargé de mon enfant,
Voir tout à coup périr mon époux triomphant!
Dans sa force et sa fleur, beau, jeune, heureux, superbe,
Voir ce chêne royal, fauché comme de l'herbe,
Se flétrir et tomber, immobile à jamais!
Lui, qui régnait d'hier! lui, mon roi que j'aimais!
* Héros enfin conquis, époux aimant, dont l'âme
* Dans mon être a laissé son empreinte et sa flamme!
* Du jour au lendemain, sa jeunesse a passé;
* Jalouse, dans mes bras, la mort l'a terrassé!
* Et je vis, ô Philippe, et je respire encore!
* Mais près de toi, fuyant, comme un spectre, l'aurore;
* Mais prête, comme Alceste, et sans plainte ni deuil,
* A prendre, ô bien-aimé, ta place en ce cercueil!

DON FERNAND.

Ta douleur, mon enfant, passe toute mesure;
Et pour calmer, sinon pour guérir ta blessure,
Peut-être devrais-tu laisser ton souvenir,
Moins flatteur, mais plus vrai, parfois t'entretenir
Des longs jours d'abandon, d'outrages et d'alarmes
Que son ingratitude a remplis de tes larmes.

DOÑA JUANA.

Rappelez ses vertus, sans parler de ses torts!
Père, on sème des fleurs sur la tombe des morts.
S'il fut aimé, sans doute il méritait de l'être :
Pourquoi lui reprocher l'amour qu'il faisait naître?
Lorsqu'il connut le mien, il en fit son bonheur.

Jours de gloire, où je pus couronner mon seigneur,
Où je mis dans sa main le sceptre de Castille!

DON FERNAND.

Tes dons ont coûté cher à ton pays, ma fille!
Dans son sang la discorde a failli le baigner;
Et nous devons sévir pour y pouvoir régner!

DOÑA JUANA.

Oh! comme volontiers j'abjurerais, mon père,
Et mon titre et mes droits, si je n'étais pas mère!
Heureuse de pouvoir, en quelque abri sacré,
Me vouer à lui seul et pleurer à mon gré!

DON FERNAND.

Tes enfants sont les miens; et ma main aguerrie
A su régir trente ans la Castille meurtrie.
Tu peux donc, sans péril, t'alléger d'un pouvoir
Qui te gêne et te pèse.

DOÑA JUANA.

          Est-ce hélas! mon devoir?

DON FERNAND.

Ta mère l'a tracé de sa main souveraine.

DOÑA JUANA.

Mon époux m'a prescrit de vivre et mourir reine.
« Pour Carlos, notre aîné, pour mon honneur tu dois,
« M'a-t-il dit en mourant, garder entiers tes droits :
« Le trône d'Isabelle appartient à sa fille! »

J'ai juré d'obéir. Laissez-moi la Castille :
Vous avez l'Aragon.

DON FERNAND.

Ce sont les deux fleurons
D'un même diadème. Isolés sur nos fronts,
Leur éclat diminue et l'Espagne est dans l'ombre ;
Et mon œuvre périt, labeur de jours sans nombre !
Songe qu'un vain serment par ton époux dicté...

DOÑA JUANA.

Je songe que je dois remplir sa volonté !
Je songe que son corps, dans une bière errante,
Loin du tombeau choisi de sa bouche expirante.
Attend encor la fin de son funèbre exil.

DON FERNAND.

Où donc le conduis-tu ?

DOÑA JUANA.

Sur les bords du Jénil,
Dans le sépulcre où gît sa mère vénérée,
Je conduis de son fils la dépouille adorée.

DON FERNAND.

Laisse dormir les morts ! Ils ont droit au repos.

DOÑA JUANA, s'approchant de la porte et s'adressant au corps de Philippe.

Au lieu marqué par toi je porterai tes os.
Mais d'abord, ô Philippe, il faut que je te venge !

DON FERNAND, avec inquiétude.

Le venger !

SCÈNE X

Les Mêmes, FRAY MARCOS, LE MARQUIS DE DENIA,
MOSEN FERRER, DON JUAN DE PADILLA, le cortège,
puis officiers et soldats.

DOÑA JUANA, sur le seuil de la porte.

On a dit qu'une folie étrange
M'avait fait exhumer le corps de mon époux.
Vous-même l'avez cru, père : rassurez-vous !
Si mon cœur est brisé, ma raison est intacte ;
Et je vous attendais pour expliquer cet acte.
Je l'explique, et d'un mot : ce corps est un témoin !
Aussi l'ai-je gardé de près, avec quel soin,
Tu le sais, ô Mosen ! toi dont la vigilance
A suivi tous mes pas, sans forcer mon silence ;
Sans jamais te douter qu'immobile et muet,
Ce royal pèlerin un jour se lèverait,
Et dans son noir cercueil, sous la voûte éternelle
S'animant tout à coup, d'une voix solennelle,
Devant cette assemblée, en face de ton roi,
Au nom de la justice, invoquerait la loi
Et te crierait tout haut : « Expie enfin ton crime,
Empoisonneur ! »

MOSEN FERRER.

Moi !

DON FERNAND

Dieu !

DOÑA, JUANA, à la foule.

>   Découvrez la victime !
Le poison a gravé ton crime sur son corps.

DON FERNAND, à Mosen Ferrer, bas.

Maladroit !
(A la foule.)
>   Arrêtez !... Ne touchez pas aux morts !

DOÑA JUANA.

Avant qu'il rentre enfin dans la paix de la terre.
Qu'il parle ! Il doit parler ! O Roi juste, ô mon père :
Viens voir ce que cet homme a fait de mon époux !
Sors, cadavre vengeur, et parais devant tous !

DON FERNAND.

De son esprit, hélas ! quelle fureur s'empare !
Rappelle ta raison... le désespoir t'égare...
Reviens à toi, Juana !

DOÑA JUANA.

>   J'ai toute ma raison !
Tu vas voir, de tes yeux, tu vas voir le poison !
(A la foule.)
Découvrez la victime ! Inclinez sur la bière
Ces flambeaux : que la bouche enfin et la paupière,
Closes depuis un an, s'ouvrent dans la clarté !

(Au moment où, sortant de la foule, don Juan de Padilla va faire, à l'aide de son épée, sauter le couvercle du cercueil, le son des trompettes annonce l'arrivée de Gonzalve et de l'armée. Un enseigne portant le drapeau d'Aragon paraît à la tête d'un groupe d'officiers.)

LE MARQUIS DE DENIA, s'emparant du drapeau et accourant.

Sire, l'armée!

DON FERNAND, avec joie, se redressant.

Enfin!

DOÑA JUANA, impérieusement.

Faites ma volonté!

DON FERNAND, d'une voix terrible.

Et nous, Roi d'Aragon, nous, Régent de Castille,
Faisons défense à tous d'écouter notre fille!

DOÑA JUANA.

Ai-je bien entendu?... Père!
(Elle court à lui.)

DON FERNAND, se dégageant, à Mosen Ferrer.

A Tordésillas!...
Qu'on m'épargne sa vue!... Affreux supplice!... Hélas!
Elle est folle!... Elle est folle!
(A Gonzalve et aux officiers.)

A Burgos!
(Il disparaît.)

DOÑA JUANA, tendant éperdûment les bras.

Père! père!...

FRAY MARCOS.

Dieu la frappe!

DOÑA JUANA, se traînant près du cercueil.

Ah! reviens!... Quoi! de ta main si chère

Toi-même à ces bourreaux livrer ton propre enfant!...
Que vais-je devenir, si nul ne me défend?

DON JUAN DE PADILLA, s'approchant, l'épée nue à la main.

Quelqu'un te défendra qui vaut bien ta famille,
Doña Juana !

FRAY MARCOS.

Qui donc?

DON JUAN DE PADILLA, étendant son épée sur le front de la Reine.

Le peuple de Castille !

(Le rideau baisse au bruit du glas et des trompettes dans le lointain.)

ACTE DEUXIÈME

ACTE DEUXIÈME

A Burgos, la salle du trône dans le palais Royal. — Porte au fond. —
Porte latérale à gauche. — Sur un meuble, les insignes royaux.

SCÈNE PREMIÈRE

FRAY MARCOS, MOSEN FERRER.

FRAY MARCOS.

Tordésillas a donc changé de gouverneur?
Mosen n'y règne plus?

MOSEN FERRER.

Un autre a cet honneur.

FRAY MARCOS.

Le marquis de Denia?...

MOSEN FERRER.

C'est lui qui me remplace,

Oui. Don Fernand est mort en signant ma disgrâce...
Bon maître !

FRAY MARCOS.

Vous venez saluer don Carlos ?

MOSEN FERRER.

Je viens... Je ne veux pas qu'on oublie à Burgos
Les services sans prix que me doit la Couronne !

FRAY MARCOS.

Tout s'oublie ici-bas... C'est pourquoi l'on pardonne !

MOSEN FERRER.

Ainsi donc, me voilà renvoyé ! remplacé !
De quel prix en mourant il m'a récompensé,
Ce roi, qui me devait le trône de Castille !
Pour qui, risquant l'enfer, j'ai fait veuve sa fille !
Pour qui, neuf ans entiers, dans l'ombre enseveli,
Avec elle captif, j'ai veillé ! j'ai vieilli !

FRAY MARCOS, froidement.

Le meilleur cavalier tombe parfois de selle.

MOSEN FERRER.

Que n'ai-je osé pour lui !

FRAY MARCOS.

                    L'excès nuit même au zèle.

MOSEN FERRER.

Don Fernand ! prince ingrat ! — « Je l'avais délivré !
« Je vivrais, disait-il, de sa faveur paré !... »

Et voilà le royal paiment du sacrifice
De mon âme damnée, usée à son service !...
Vous qui m'avez absous, sans me rendre la paix,
Si je parlais !...

FRAY MARCOS, avec curiosité.

Parlez... Eh bien?

MOSEN FERRER.

Quand je frappais...
Je n'étais que le bras; sa volonté secrète...

FRAY MARCOS.

Chacun peut accuser la tombe... Elle est muette !

MOSEN FERRER.

Je n'ai rien fait qu'il n'ait prescrit, voulu, conçu !

FRAY MARCOS, avec gravité.

Le grand roi catholique est mort : Dieu l'a reçu
Dans son sein paternel, et ta plainte est tardive.

MOSEN FERRER.

Pouvais-je, pour sa paix, mieux garder la captive ?

FRAY MARCOS.

Il la fallait garder sans la faire souffrir.

MOSEN FERRER.

Il fallait m'ordonner de la laisser mourir !

Pour désarmer sa main la mienne fut cruelle :
Je l'ai forcée à vivre en sévissant contre elle.

(Depuis quelques instants, à la porte du fond, ont paru don Juan de Padilla et
don Arias.)

SCÈNE II

Les Mêmes, DON JUAN, DON ARIAS.

DON JUAN, à don Arias.

Et son bourreau se plaint !

MOSEN FERRER, tressaillant et se retournant.

Don Juan de Padilla !...
Dans Burgos ! De l'exil qui donc te rappela ?

DON JUAN, s'avançant.

L'avènement du fils de Philippe. Rassemble
Tes souvenirs. Tu l'as vu de près, il me semble,
Philippe, de bien près... Tu pâlis !

MOSEN FERRER.

Non !

DON JUAN.

Crois-moi !
Va visiter tes fiefs ! La cour du nouveau roi

Pourrait être malsaine à l'homme qui naguère,
Pour servir son aïeul, assassinait son père.

MOSEN FERRER, haineusement.

Tu oses m'insulter ?

DON JUAN, avec mépris.

Oui.

MOSEN FERRER.

Dans ce lieu royal !...
Toi, le rebelle d'hier, moi, le sujet féal !

DON JUAN.

L'élite du pays, pour sa reine opprimée,
Contre l'usurpateur avec moi s'est armée.
La force a prévalu ; mais le droit ne meurt pas :
Il sort toujours intact du hasard des combats !

FRAY MARCOS.

Toi qui parles si haut et d'un air d'assurance,
Que viens-tu faire ici ? Quelle est ton espérance ?

DON JUAN.

Je viens parler au fils — de la mère, et j'ai foi
Dans son cœur, dans son âge et dans son sang de roi.

FRAY MARCOS.

Quelque jeune qu'il soit, instruit par un grand maître,
Son génie est précoce ; il tient de son ancêtre
La vaste ambition et l'orgueil du pouvoir.

L'intérêt de l'État est son premier devoir :
Il le sait ; et, d'ailleurs, s'il l'oubliait, on veille !

DON ARIAS.

N'attendez rien de lui que l'honneur ne conseille !

DON JUAN, à Fray Marcos.

J'ai donc lieu d'espérer ! — Toi, grandi près de lui
Réponds-leur, cher Arias.

DON ARIAS.

        Arrivé d'aujourd'hui
Au pays de sa mère, élevé dans la Flandre,
Où toujours il vécut, dès l'âge le plus tendre,
Don Carlos, pour régner en Espagne venu,
Ne connaît pas son peuple et n'en est pas connu.
  (A Fray Marcos qui l'écoute avec attention.)
Que vous a-t-il encor laissé voir de lui-même,
Hors l'ampleur de son front fait pour le diadème
Et, fauve lionceau, la flamme de ses yeux ?
Vous ignorez, mon père, et son âme, et les dieux
Que son culte a choisis, et sa fière devise :
Toujours plus loin ! toujours plus haut ! Le but qu'il vise
Brille au-dessus du trône et de l'espoir des rois.
Rien de vulgaire en lui, point d'horizons étroits :
Il aspire à monter tous les degrés de gloire,
Et du sommet du siècle au sommet de l'histoire !
  (A don Juan.)
Que ce qu'il doit savoir, il l'apprenne de toi.
Ami, n'hésite point : je te réponds du roi !

DON JUAN, à Fray Marcos et à Mosen Ferrer.

Tremblez donc, meurtriers et conseillers perfides
Qui dans l'ombre tissez des trames parricides :
J'en vais rompre les fils dans vos sanglantes mains
Et venger contre vous les sentiments humains.

(Allant à Mosen Ferrer.)

Tu paieras la rançon de ta double victime !

FRAY MARCOS.

Son meurtre a fait l'Espagne ; il était légitime !
Si Philippe eût vécu, si sa veuve eût régné,
L'État en deux tronçons mourait, de sang baigné.
Grâce à lui, la Castille à l'Aragon unie
Du Royaume a créé la force et l'harmonie.
Qu'importe ce qu'écrase en sa course le char,
S'il faut que le char passe et s'il porte César ?
Qui reproche au soldat les deuils que fait l'épée ?
La gloire humaine croît de sang humain trempée ;
Et la grandeur du prince est la suprême loi.

DON JUAN.

La loi, c'est la justice ; et Dieu prime le roi !

FRAY MARCOS.

Eh ! laissez Dieu, de grâce, au prêtre qui l'apaise !

DON JUAN.

Quand lui-même a parlé, que le prêtre se taise !
Et Dieu n'a-t-il pas dit : « Ta mère honoreras ? »

SCÈNE III

Les Mêmes, DON ALONZO, DON ENRIQUE, DON TELLO, SEIGNEURS ET GRANDS D'ESPAGNE.

DON ALONZO, entrant.

« Pour vivre longuement. »

DON ENRIQUE, gaiement.

Parfait! Ah! l'on n'est pas
Des mécréants, mon père! On sait son catéchisme.

DON TELLO, gravement.

A propos! Que dit-on de Luther et du schisme?

FRAY MARCOS.

Rome, à notre humble avis, est trop lente à punir.

DON TELLO.

Le Saint-Office enfin devrait intervenir.

DON ALONZO.

Qu'en pense don Carlos?

DON TELLO.

Est-il bon catholique?

FRAY MARCOS.

Autant que son aïeul.

DON ENRIQUE.

L'allégresse publique,
Qui remplit tout Burgos de danses et de cris,
Présage un règne heureux.

FRAY MARCOS.

Je serai fort surpris,
Si le présage ment.

DON TELLO.

Petit-fils d'Isabelle,
Qu'elle revive en lui!

ARIAS.

Tout en lui la rappelle!

DON TELLO.

Puisse-t-il ajouter aux grandeurs du passé!

DON ALONZO.

De son couronnement le jour est-il fixé?

FRAY MARCOS.

Nous le saurons demain. Le Conseil délibère.

DON TELLO.

Va-t-il être régent des États de sa mère,
Comme feu don Fernand?

DON JUAN.

Il n'en peut être roi !

DON TELLO.

A moins qu'elle n'abdique.

FRAY MARCOS.

Ou qu'on change la loi,
Qui sur le trône admet les princesses d'Espagne.

DON JUAN.

Changer la loi!

FRAY MARCOS.

Le sceptre, en France, a pour compagne
L'épée, et fuit la main qui tient l'aiguille.

DON JUAN.

Nous,
D'un usage étranger indignement jaloux !
A son royal passé la Castille infidèle !
Et quelle est cette loi qu'on nous offre en modèle?
Dans la Gaule naissante un barbare, dit-on,
Un Salien, dont le temps a dédaigné le nom,
La fit pour sa tribu, qui n'était qu'une armée,
Sous des rois brandissant pour sceptre la framée ! —
Isabelle a montré qu'une femme, à la fleur
De la grâce, peut joindre une mâle valeur.
Laissez donc sur le trône à nos reines leur place :
Gardons les nobles mœurs de notre noble race!

SCÈNE IV

Les Mêmes, DON CARLOS.

UN CHAMBELLAN, annonçant,

Le Prince, messeigneurs!

(Don Carlos paraît et s'arrête un instant sur le seuil.)

LES SEIGNEURS, saluant.

Salut à don Carlos!

DON CARLOS, s'avançant d'un air radieux et parlant d'une voix émue.

Me voici donc enfin parmi vous, à Burgos,
Dans l'aire où mes aïeux ont couvé la Castille,
Où dans le marbre et l'or sa fière histoire brille!

(Après une courte pause.)

Je te salue au nom des rois dont je descends,
Noblesse au sang prodigue et qui les fis puissants!
De l'épée et du cœur soutenez ma jeunesse,
Fils du Cid, fleur du monde, et qu'un grand siècle naisse
Par nos efforts communs dans la gloire enfanté!

DON TELLO.

Jamais sur nous en vain roi vaillant n'a compté!

DON CARLOS, montant le premier degré du trône et s'y arrêtant.

Je jure de régner pour mes peuples, roi juste,
Dans la guerre et la paix frappant d'un bras robuste,
Inexorable au crime, implacable à l'orgueil;

Mais clément au vaincu prosterné sur mon seuil,
Mais humblement soumis à Dieu par qui je règne.

FRAY MARCOS.

L'Église bénira le monarque qui daigne
Consulter son ministre et qui, dans le chemin
Où triompha l'aïeul, rentre la croix en main.

DON CARLOS.

J'achèverai son œuvre, heureux si, plus prospère,
Je crée un monde égal à tout ce que j'espère ;
Mais, béni par l'Église et secondé par vous,
Je ne crains nul obstacle et la terre est à nous !
De victoires demain nos armes couronnées
Lui dicteront mes lois du haut des Pyrénées !

(Il salue les seigneurs, qui s'inclinent et se dispersent.)

DON TELLO.

On dirait un aiglon qui va prendre l'essor !

DON CARLOS, descendant du trône et s'approchant de don Arias.

Mon âme est comme un ciel où rit une aube d'or.
Me voici dans la forge, Arias, et ma pensée
Bout déjà dans le moule à flots d'airain versée !

DON JUAN, resté jusqu'alors immobile et pensif, mêlé à la foule des seigneurs,
s'avance vers don Carlos, et après s'être incliné, il lui dit d'un air grave et res-
pectueux.

J'implore un entretien. Daignez me l'accorder,
Altesse !

DON CARLOS.

Je l'accorde. On peut tout demander :
Il n'est rien dans ce jour que mon bonheur refuse.

FRAY MARCOS.

Craignez qu'un téméraire, Altesse, n'en abuse !

DON CARLOS.

Comment ?

FRAY MARCOS.

N'écoutez pas cet homme, croyez-moi !

MOSEN FERRER.

C'est don Juan, le rebelle, exilé par le roi,
Votre aïeul...

DON JUAN, à don Carlos.

Pour avoir défendu votre mère !

DON ARIAS.

Jamais cœur plus loyal n'a battu sur la terre.
Il faut l'écouter, Sire !

DON CARLOS.

Eh bien, qu'il parle !

FRAY MARCOS.

Au moins,
Qu'il parle devant nous ! Permettez que, témoins...

DON CARLOS.

Non. Sans vous éloigner, allez! qu'on se retire.

FRAY MARCOS.

Daignez...

DON CARLOS, élevant la voix.

J'ai dit!

(Tous les seigneurs présents sortent en même temps que Fray Marcos et Mosen Ferrer.)

DON ARIAS.

Soyez, restez vous-même, Sire! —
De la sévère épreuve offerte à son grand cœur,
Je connais don Carlos, il sortira vainqueur!

SCÈNE V

DON CARLOS, DON JUAN.

DON CARLOS.

Une épreuve! Laquelle? Et qui peut m'y soumettre?

DON JUAN.

Fût-il le roi des rois, l'homme a toujours un maître;
Et Dieu qui donne tout, Dieu peut tout exiger.

DON CARLOS.

Parlez! J'aime la gloire et suis prêt au danger.

DON JUAN.

Prince, il ne s'agit pas d'un danger que l'on brave
Gaîment, une arme au poing : l'épreuve est bien plus grave.
Il s'agit de justice, il s'agit de devoir !

DON CARLOS.

L'un réglera ma vie et l'autre mon pouvoir.
J'en ai fait le serment : je serai le roi juste.

DON JUAN.

Soyez-le donc ! — Fidèle à ce serment auguste..,
De votre Aragon, Sire, il faut vous contenter,
Sans prétendre à ce trône où vous alliez monter.

DON CARLOS.

Qui ? moi, ne plus prétendre au trône de Castille !
L'apanage, le fief, l'œuvre de ma famille !
Y renoncer ! Pour qui ? dans quel but ? et pourquoi ?
Mon droit est clair : j'en suis l'héritier; donc, le Roi !

DON JUAN, calme et ferme.

Non, vous ne l'êtes point !

DON CARLOS.

       On l'ose mettre en doute !
Ne suis-je plus Carlos ? Allons ! Je vous écoute :
Prouvez-nous, j'y consens, la vanité des droits
Que nous pensions avoir reçus du sang des rois.
Prouvez-le nous sur l'heure, ou je vous tiens rebelle !

DON JUAN.

Soit ! — Pour vous emparer des États d'Isabelle,
Sa fille, votre mère, est-elle morte ?

DON CARLOS.

              Hélas !
Inhabile à régner, le noir Tordésillas
Depuis neuf ans l'enferme, et la pauvre insensée,
Désormais sans espoir, survit à sa pensée.
Qui l'ignore ?

DON JUAN.

        Il est vrai : la « folle » est son surnom,
Et pour demeure elle a les murs d'un cabanon.
Mais son fils l'a-t-il vue ? et l'a-t-il entendue ?

DON CARLOS.

Non !

DON JUAN.

      Et sans nul garant de sa raison perdue,
N'a-t-il douté jamais de son insanité ?

DON CARLOS.

Aurais-je au cœur ce deuil, si j'en avais douté ?

DON JUAN.

Eh bien, que de son deuil votre cœur se console :
Votre mère...

DON CARLOS.

Achevez !

DON JUAN.

Sire, elle n'est pas folle !

DON CARLOS.

Depuis quand?... Se peut-il ?... Ma mère !...

DON JUAN.

                                        Hautement,
Je l'affirme à son fils : qui la dit folle, — ment !

DON CARLOS.

Mais c'est le monde entier !

DON JUAN.

                              Sire, j'atteste et jure
Qu'au droit, au juste, au vrai, le monde fait injure !

DON CARLOS.

Vous osez démentir mille témoins, vous seul !
Le peuple, les Cortès, l'Église, mon aïeul ?

DON JUAN.

Moi seul ? Non pas ! Ma sœur et don Arias l'ont vue.

DON CARLOS.

Ils l'ont vue ! Et comment ? Où ? quand l'ont-ils connue ?

DON JUAN.

Ma sœur vit auprès d'elle, et le père d'Arias,
Choisi par don Fernand, veille à Tordésillas,
Gouverneur du donjon et gardien de la Reine.

DON CARLOS.

Si c'était vrai !... Mais non ! Sa démence est certaine.

DON JUAN.

Don Carlos, on vous trompe ! Un complot odieux,
Qu'on a su jusqu'ici dérober à vos yeux,
Après avoir tranché les jours de votre père,
Du trône au cabanon a traîné votre mère.

DON CARLOS.

Don Fernand, mon aïeul, son père, eût-il permis ?...
Non, ce double attentat ne fut jamais commis !...
Dans tout malheur royal on aime à voir un crime...
Non, d'aucun complot, non, ma mère n'est victime !

DON JUAN.

Ah ! ne persistez pas dans la fatale erreur !
Du crime trop réel, qui vous frappe d'horreur,
Soyez le vengeur, Sire, et non pas le complice !
A vous de mettre un terme à son cruel supplice,
A vous de réparer les maux qu'elle a soufferts,
Et de lui rendre enfin, aux yeux de l'Univers,
Ramenant du tombeau la martyre à la vie,
Roi juste et fils pieux, sa couronne ravie !

DON CARLOS, allant à la porte du fond et appelant :

Fray Marcos ! Don Arias ! Mosen ! Venez, vous tous !

SCÈNE VI.

Les Mêmes, FRAY MARCOS, MOSEN FERRER, DON ARIAS.

DON CARLOS.

Ce que cet homme annonce, est-il vrai?... Dites-nous
Si la Reine en effet possède sa pensée !

FRAY MARCOS.

Depuis un deuil cruel, sa raison éclipsée
Jusqu'à ce jour, hélas ! n'a jamais reparu :
Le monde entier le croit et son père l'a cru.
Que le fils se résigne au malheur de la mère !

DON ARIAS.

Son malheur est certain, Altesse, et sa misère ;
Mais l'esprit de la Reine a toute sa clarté.

MOSEN FERRER.

Qu'osez-vous affirmer au roi ?

DON ARIAS.

La vérité.

FRAY MARCOS.

Ce que vous affirmez, votre père le nie.

DON ARIAS.

Mon père ?

FRAY MARCOS.

Oui, le marquis de Denia.

ARIAS.

Calomnie !

FRAY MARCOS.

Prince, à vous d'en juger !

(Il présente une lettre à don Carlos.)

DON CARLOS, à Arias.

Lisez !... à haute voix !

DON ARIAS, décontenancé.

Ah ! Sire...

DON JUAN, étonné.

Arias !

DON CARLOS, à don Arias.

Donnez !...

(Il prend la lettre et la parcourt des yeux.)

MOSEN FERRER.

Écrasée autrefois,
L'imposture surgie à la mort d'Isabelle
Renaît donc, menaçante, à la voix d'un rebelle !

Ne la laissez pas croître, Altesse, et ranimer
Des partis que demain il faudrait décimer.
Sire, de leurs griefs dissipant les fantômes,
Proclamez votre droit et prenez vos royaumes !

DON JUAN.

Certes, le conseiller est digne du conseil !
(A don Carlos.)
Prenez tout ! Soyez tout ! Remplacez le soleil !
Ne songez qu'à vous, Sire : oubliez votre mère,
Et, surtout, oubliez de venger votre père !
(A Mosen Ferrer.)
Poursuis, Mosen ; corromps l'âme vierge du roi :
A verser le poison qui s'entend mieux que toi ?

MOSEN FERRER.

De l'ennemi du trône arrêtez l'insolence,
Altesse !

DON JUAN.

    Espères-tu me réduire au silence ?...
Don Carlos ! Votre père est mort empoisonné
Par cet homme !

DON CARLOS.

    Par lui... mon père assassiné !

DON JUAN.

Votre mère l'accuse !

DON CARLOS.

    Et chargé d'un tel crime,

Il ose devant moi, le fils de la victime,
Paraître!... provoquer son juge et souverain!
Mais j'ai le bras de fer, s'il a le front d'airain!

MOSEN FERRER.

Par grâce!...

DON CARLOS.

Il faut d'abord prouver votre innocence.
Allez, et hâtez-vous!

MOSEN FERRER.

Souffrez qu'en sa présence...

DON CARLOS.

Non! Plus un mot! Sortez!
(Pâle et frémissant, Mosen Ferrer hésite à obéir. Il se retire enfin sur un signe de
Fray Marcos.)

DON CARLOS, à don Juan.

Et vous, l'accusateur,
Vous, de tant de forfaits hardi révélateur,
Comptez sur ma justice, ou craignez ma colère
Si... J'irai voir moi-même, et sans retard, ma mère.
Nos plus savants docteurs, appelés dès ce soir,
Auprès d'elle viendront m'aider de leur savoir.

DON JUAN.

Je n'espérais pas moins d'une âme jeune et pure.
O Reine, tu vas donc quitter ta sépulture
Et retrouver ton fils avec le jour perdu!

DON ARIAS.

Je reconnais mon roi !

(à Fray Marcos.)
J'en avais répondu !
(Ils sortent.)

FRAY MARCOS, à don Carlos.

L'inapaisable angoisse et les pleurs de sa mère,
Sire, ont-ils détourné le Sauveur du Calvaire ?
Ont-ils fait sur la croix fléchir ses bras ouverts ?...
Il la laissa pleurer et sauva l'Univers !

SCÈNE VII

DON CARLOS, seul.

Il la laissa pleurer pour s'immoler soi-même
Et conquérir pour elle un divin diadème !...
Tandis que moi... Mais non ! Je n'ai pris que mon bien.
Mon droit seul est réel, et je n'usurpe rien !
Les splendeurs, dont ici je saluais l'aurore,
N'étaient pas un mensonge : elles brillent encore,
Et déjà sous ma main font germer l'avenir.
Le nuage fuira qui les voulait ternir ;
Mon astre jusqu'au bout parcourra sa carrière ;
Quel souffle irait si haut éteindre sa lumière ?
Ce trône m'appartient ; ce sceptre est bien à moi...
(Il prend le sceptre déposé près du trône et le brandit fièrement.)
Comme il brille et remplit la large main du roi !

De ton roi, ma Castille à la grande couronne,
Où Grenade flamboie et que l'Inde fleuronne !
Dans l'étroit Aragon, moi, je m'enfermerais ?
Mais j'y manquerais d'air ! Mais je m'y briserais
Les ailes, loin des cieux où leur vigueur aspire !
Neveu d'un empereur et promis à l'Empire,
Je ne serais qu'un humble et faible roitelet,
De mes puissants voisins courtisan et valet ?
Suis-je né pour cela ?... Quand François a la France,
Je n'aurais... Non ! J'en crois ma virile espérance !
J'aurai ce que je veux : mon instinct le pressent,
Et tout obstacle est vain : le Destin y consent !

(Un silence.)

Consent-il en effet ? Le maître légitime,
Si d'un secret complot ma mère est la victime,
Si sa démence est fausse et le crime avéré,
Oui, le maître, c'est elle, et son droit est sacré !...
Mais qui l'aurait tramé, ce complot effroyable ?
Fernand?... Son propre père ?... Allons ! Est-ce croyable ?
Malheur à qui soutient ce bruit calomnieux !
Il attente à l'honneur de l'un de mes aïeux ;
Et je le souffrirais ?... Je punirai l'outrage !
Ce don Juan si hardi... Mais quel noble courage !
Quel héroïque aspect, mâle et doux à la fois !...
Ah ! oui, la vérité m'a parlé par sa voix !

(Un nouveau silence.)

Mais alors?... Je devrais tout ajourner ! attendre !
Arracher de mon arc la flèche et le détendre !
Et du haut de ce trône où je m'allais asseoir
Retomber dans le rêve et dans l'inerte espoir !

Je devrais à ma mère immoler mon génie !
En aurais-je la force ?... O Justice infinie,
J'ai promis d'observer et de venger tes lois ;
Mais prince eut-il jamais à faire pareil choix ?
Ici le parricide, et là... Quel sacrifice !...
Entre un monde et ma mère il faut que je choisisse !
L'épreuve est surhumaine, et je voudrais pouvoir...

(Ici entre à pas sourds et lents Fray Marcos. Il s'arrête et écoute.)

Dieu ! chasse de mon cœur l'inavouable espoir
Qui, malgré moi, surgit au fond de ma pensée...
Je voudrais que ma mère, hélas ! fût insensée !

SCÈNE VIII

DON CARLOS, FRAY MARCOS.

FRAY MARCOS.

N'allez donc pas la voir !

DON CARLOS, tressaillant.

Pourquoi n'irais-je pas ?

FRAY MARCOS.

Demeurez dans Burgos, laissez Tordésillas !...
Jeune homme, du vieillard écoute la parole :
N'y va pas !

DON CARLOS.

Mais pourquoi ?

FRAY MARCOS.

La Reine n'est pas folle !

ACTE TROISIÈME

ACTE TROISIÈME

A Tordésillas. Une salle carrée d'aspect sévère. A droite, une tour.
Deux fenêtres grillées, étroites et hautes. Au fond, une porte surmontée
de l'écusson de Castille, ouvrant sur un corridor éclairé par une grande
fenêtre, qui d'abord est fermée. Une porte latérale conduisant aux appartements de la Reine.

SCÈNE PREMIÈRE

LE MARQUIS DE DENIA, puis LE DOCTEUR SOTO.

LE MARQUIS DE DENIA, à un garde.

Le médecin...? Qu'il entre ! Il vient au nom du roi.
(Le garde sort.)
On vante son savoir... Est-on sûr de sa foi ?

LE DOCTEUR SOTO, paraissant à la porte du fond et saluant.

Marquis...

LE MARQUIS DE DENIA, indiquant l'appartement de la Reine.

C'est là, docteur, que vous attend la Reine.
Elle est, en ce moment, calme et presque sereine.
(Le docteur Soto entre chez la Reine suivi par le garde.)

SCÈNE II

LE MARQUIS DE DENIA, DON ARIAS.

DON ARIAS, venant par la porte du fond.

Comme en entrant ici, joyeux de la clarté
Du soleil qui dehors verse à flots la gaîté,
On se sent oppressé par l'ombre sépulcrale
Et la lourdeur de l'air de cette tour claustrale !
Que n'ouvrez-vous tout grands au jour ces lourds volets ?

LE MARQUIS DE DENIA, assis.

Le calme est plus profond dans l'ombre.

DON ARIAS.

                    O noir palais,
Plus triste qu'un hospice ! O prison funéraire !
Et c'est ici que vit une reine, mon père ?

LE MARQUIS DE DENIA.

Chacun son sort.

DON ARIAS.

          Son fils, que j'ai cru généreux,
Ne s'est donc pas ému d'un sort si douloureux !
Et, loin de la venger, prolongeant son supplice,
Du crime de l'aïeul il s'est fait le complice !

LE MARQUIS DE DENIA, sévèrement.

Arias !

DON ARIAS.

Depuis quatre ans qu'il règne, heureux, au seuil
De ce Tordésillas sinistre et noir de deuil,
L'a-t-elle vu paraître ? et, débiteur d'un trône,
Venir d'un mot d'espoir lui faire au moins l'aumône ?

LE MARQUIS DE DENIA.

De quel droit oses-tu blâmer ton souverain ?

DON ARIAS.

Un démon a changé le joyau dans l'écrin !
Don Carlos !... Ah ! combien son âme semblait belle !
Combien il m'a déçu !

LE MARQUIS DE DENIA.

Tu parles en rebelle !

DON ARIAS.

A le juger ainsi lui seul m'a condamné.

LE MARQUIS DE DENIA.

Meilleur juge que toi, Dieu, qui l'a couronné,
Le conduit aux sommets où son génie aspire :
Du trône de l'Espagne il l'élève à l'Empire.
Et c'est dans ce moment qu'on poursuit l'attentat
De soulever le peuple et d'ébranler l'État,
De renverser le fils à l'aide de la mère !

DON ARIAS

Le droit pourtant...

LE MARQUIS DE DENIA.

Le droit, Arias? Faux droit! Chimère !
Vain prétexte et fureurs qui ne m'alarment point.
Le châtiment est prêt : l'Empereur vient à point !

DON ARIAS.

L'Empereur vient ici !... Sa mère le sait-elle ?

LE MARQUIS DE DENIA.

Elle a pleuré de joie à la grande nouvelle.

DON ARIAS, avec espoir.

Alors, il vient ?...

(Un silence).

LE MARQUIS DE DENIA.

Je vais quitter Tordésillas ;
Et j'en commets la garde à ton honneur, Arias.
Sous ce palais, dans l'ombre, une mine se creuse :
Doña Juana l'ignore, inerte et dangereuse ;
Mais moi, qui réponds d'elle à notre souverain,
Muet, je suis des yeux ce travail souterrain.
Nul ne doit pénétrer où la Reine demeure,
Hors l'Infante et doña Floresta. — Dans une heure,
Avec moi Charles-Quint aura franchi ce seuil.

DON ARIAS.

Vous allez au-devant de lui ? Vous seul ?

LE MARQUIS DE DENIA.

                                        Seul. — L'œil
Ouvert, l'oreille au guet, veille sur l'insensée.

DON ARIAS, avec une ironie amère.

L'insensée !

LE MARQUIS DE DENIA.

    Oui, mon fils. Incline ta pensée
Et contiens ton langage : un bon sujet le doit.

DON ARIAS, frémissant.

Mais, mon père !...

LE MARQUIS DE DENIA, avec impatience, d'un ton impérieux.

                    Elle est folle !... Il faut qu'elle le soit..,
Pour l'honneur de l'Église et de la Monarchie !
L'hérésie et sa sœur, la sanglante anarchie,
S'abritent sous son nom, et contre elle à la fois
Soulèvent les amis du dogme et ceux des lois.

DON ARIAS, voyant paraître le docteur Soto à la porte des appartements de la Reine.

Quelqu'un !

SCÈNE III.

Les Mêmes, LE DOCTEUR SOTO.

LE DOCTEUR SOTO, sortant, suivi du garde.

    Nous sommes deux ! Votre argus et moi-même.
Je sors n'emportant rien, voyez ! ni diadème,

Ni cachet, ni coffret, ni, par le Saint-Esprit !
Le cœur de son Altesse et pas le moindre écrit.
J'ai fait honnêtement mon métier d'Hippocrate.

LE MARQUIS DE DENIA, avec un sourire forcé.

Ce cher docteur Soto !

LE DOCTEUR SOTO, narquois et dédaigneux.

Je n'ai point l'âme ingrate
Et, si je vous suis cher, vous m'êtes précieux,
Châtelain confiant de ce palais joyeux.

LE MARQUIS DE DENIA.

J'honore en vous le choix de notre auguste maître :
Mais j'aime peu le rire ; et je voudrais connaître...

LE DOCTEUR SOTO.

Eh ! laissez donc tinter le rire au timbre clair !
Rien ne vaut un soupir, car tout dure un éclair.

LE MARQUIS DE DENIA.

Vous, le savant illustre, à votre âge !...

LE DOCTEUR SOTO.

Mon âge,
Qu'a fui l'illusion, se plaît au badinage.

LE MARQUIS DE DENIA, d'un ton bref.

Parlons de la malade !

LE DOCTEUR SOTO, se jetant dans un fauteuil.

Eh bien, oui, parlons-en !
Ou j'ai, pour voir, les yeux troubles d'un paysan,

Et je suis un ignare, un bâtard d'Avicenne,
Ou la pauvre recluse a la cervelle saine
Autant que vous et moi, s'il n'est trop hasardeux
De nous croire pourvus d'un sens droit tous les deux.

DON ARIAS, avec élan.

Ah ! dites-le tout haut !

LE DOCTEUR SOTO.

                    Oui, j'affirme, oui, j'atteste
Devant l'Espagne...

LE MARQUIS DE DENIA.

          Erreur !

LE DOCTEUR SOTO.

          Vérité !

LE MARQUIS DE DENIA.

                    Je proteste !
Vous avez sûrement mal vu, mal observé ;
Sa démence est un fait qui n'est que trop prouvé !

LE DOCTEUR SOTO.

Par quoi ?

LE MARQUIS DE DENIA.

     Mais... savez-vous que, pauvre âme en détresse,
Elle écrit tous les mois des lettres qu'elle adresse
A son père, le roi mort depuis quatre ans ?

SCÈNE IV.

Les Mêmes, DOÑA FLORESTA.

DOÑA FLORESTA, venant de la chambre de la Reine.

Mort !

Son père ?.. Il lui répond !

LE DOCTEUR SOTO.

Il répond !... C'est très fort !
Avec un mort courtois, si peu semblable aux autres,
Qui ne voudrait causer, de par les douze apôtres !
L'heureuse invention pour fabriquer des fous !
Un poète en serait, non sans raison, jaloux.
On fait parler le mort d'après son caractère...,
On imite sa main... Quel est le secrétaire ?

LE MARQUIS DE DENIA, éclatant.

C'est assez abuser du choix impérial !

LE DOCTEUR SOTO.

Comment ?

LE MARQUIS DE DENIA.

Agissez-vous en serviteur loyal ?
Pour m'oser démentir et nier l'évidence,
D'où vous vous vient le courage ou plutôt l'impudence ?
J'interroge à mon tour, j'exige votre aveu !
Quel intérêt vous porte à seconder le vœu

Du parti famélique et grouillant dans la fange,
Qui, vaincu par Fernand, se relève et se venge
En semant la discorde au pays castillan ?
Qu'êtes-vous venu faire ? Et quel est votre plan ?

LE DOCTEUR SOTO.

Mon plan ?... Je voudrais plaire au prince qui m'envoie.

LE MARQUIS DE DENIA.

Vous vous y prenez mal !

LE DOCTEUR SOTO.

                    Indiquez-moi la voie ;
Mais ne m'accusez pas si tôt d'être un bandit.
Un communéro, moi ! Seigneur ! Qui me l'eût dit ?
Moi pactiser avec la plèbe qui secoue
Ses haillons et qui veut tout salir de sa boue !
J'ai du bien au soleil et, de l'étude épris,
Pour moi, l'ordre et la paix sont des trésors sans prix !

LE MARQUIS DE DENIA.

Pourtant... Expliquez donc votre étrange attitude !

LE DOCTEUR SOTO.

A vivre loin du monde et dans la solitude,
On apprend à penser tout haut, et c'est un tort.
Et puis, contre l'erreur, nul abri ! point de port !
Arrêt de médecin n'est pas verset de Bible :
Le pape m'en voudrait, si j'étais infaillible !
Est-il rien de fuyant comme la vérité ?
On croit la tenir, mais... les Sages ont douté

Que, hors du vague puits où flotte l'ombre nue,
Un homme ait vu jamais l'ondoyante inconnue.

DON ARIAS, s'avançant.

Qui croit que rien n'est vrai, ne fait rien qui soit grand !

LE DOCTEUR SOTO, à don Arias.

Ce qu'on fait, ce qu'on croit, tout est indifférent !
L'âge des confesseurs du vrai n'est plus le nôtre :
Qui demande au savant l'âpre foi de l'apôtre ?

(Au marquis de Denia.)

J'ai dix mille défauts, mais point d'entêtement :
Je peux m'être trompé, je l'avoue humblement.
* On discerne si mal la ligne, pâle et mince,
* Qui du sage et du fou sépare la province !
* Souvent dans le même homme on les trouve à la fois,
* Et, pareille à l'écho qui réplique à la voix,
* La Folie en riant à la Raison réplique.
* Dans le crâne où s'ébat le couple diabolique,
* Ménechmes de l'esprit qui viennent et qui vont,
* Hors le vôtre, señor, quel œil ne les confond ?

LE MARQUIS DE DENIA, vivement.

Vous avouez, docteur ?

LE DOCTEUR SOTO.

　　　　　J'ai si peu vu la Reine !
Et votre certitude est si ferme et... hautaine !

DON ARIAS, vivement.

La vôtre, tout à l'heure, était prête au serment !

LE DOCTEUR SOTO, de même.

La pensée est mobile et change à tout moment :
Le propre du génie est de se contredire.

LE MARQUIS DE DENIA.

Vous reconnaissez donc?...

LE DOCTEUR SOTO.

Marquis, que dois-je dire ?

LE MARQUIS DE DENIA, allant au fond et appelant du geste un garde

Que cet homme au palais attende mon retour !
(Au docteur Soto.)
Vous verrez l'Empereur avant la fin du jour.

LE DOCTEUR SOTO.

Je suis prêt à donner un témoignage insigne
De ma fidélité.

LE MARQUIS DE DENIA.

Lequel ?

LE DOCTEUR SOTO.

Dictez, je signe.

LE MARQUIS DE DENIA.

C'est bien. Vous plaiderez devant Sa Majesté.

LE DOCTEUR SOTO.

Contre le fort le sage a-t-il jamais lutté ?

LE MARQUIS DE DENIA.

Soyez donc sage ! Allez !

LE DOCTEUR SOTO.

La fleur retient l'abeille,
Et la sagesse l'homme !

LE MARQUIS DE DENIA.

Allez !

(Le docteur sort. Au garde.)

Qu'on le surveille !

(A Doña Floresta et à son fils, sévèrement.)

Et vous, n'oubliez point qu'il faut tout oublier !
L'État veut le secret : c'est là son bouclier.
Aussi bien que l'autel, le trône a son mystère.
Malheur à l'imprudent qui ne sait pas se taire ! —
Tu réponds de la Reine ! Adieu, mon fils.

SCÈNE V

DOÑA FLORESTA, DON ARIAS

DOÑA FLORESTA.

Ainsi,
C'est toi qu'on charge, Arias, de nous garder ici ?
Quel emploi des loisirs que te laisse l'armée !

DON ARIAS.

Mon père l'a prescrit.

DOÑA FLORESTA.

                    Toi contre l'opprimée,
Parmi les oppresseurs ! Toi parmi les bourreaux !
Regarde autour de toi : le fer de ces barreaux,
La roche de ces murs, dont l'épaisseur profonde
La prive de l'azur du ciel, du bruit du monde !...
Et pourquoi ? Juste Dieu ! Quel mal a-t-elle fait ?
Elle est l'enfant des rois ! Son droit, c'est son forfait !
Pour lui prendre son peuple, on lui prend la nature ;
On l'enterre vivante, Arias ; on la torture ;
On lui ment, on la trompe, on ose sans remords,
Lui ravir la parole et la prêter aux morts,
Pour pouvoir l'accuser, cette reine qu'on vole,
Et dire à qui la plaint : Vous voyez ! Elle est folle !

DON ARIAS.

Mon cœur, en t'écoutant, se soulève indigné !

DOÑA FLORESTA.

On laisse à la captive au front découronné
Le vain titre de Reine, il est vrai, le vain lustre
Des joyaux hérités, l'ombre d'un rang illustre
Et des lambeaux de pourpre en ce palais des pleurs :
Ironie ajoutée aux royales douleurs !
Ah ! quel est l'homme, Arias, qui peut sans épouvante
Voir ce que, pour régner, l'ambition invente !

DON ARIAS.

La grandeur du pays l'exige, disent-ils.

DOÑA FLORESTA.

Oui, nos hommes d'État ont des esprits subtils ;
Mais, devant la douleur, le cœur humain proteste :
Les États croulent tous et l'Humanité reste !

DON ARIAS.

Triste destin !

DOÑA FLORESTA.

     Et qui l'y condamne ? Celui
Qui devrait la défendre et qu'elle adore ; lui,
Son fils, ce tout-puissant, de qui son espérance,
Sublime de candeur, attend la délivrance !

DON ARIAS.

Il l'apporte sans doute ! Oui, Floresta ! Sa main,
Pleine de la grandeur de l'Empire romain,
Va s'ouvrir et laisser, sur la tête ravie
De sa mère, tomber à flots dorés la vie,
La liberté, la joie ! Il ne vient pas en vain :
Son crime, après quatre ans, va s'effacer enfin !

DOÑA FLORESTA.

Il a pour l'effacer, son crime qu'elle ignore,
Le court espace, ami, de ce jour à l'aurore.
Mon frère...

DON ARIAS.

    Il est ici ?

DOÑA FLORESTA.

Prêt à la venger! Oui,
Les clairons vont sonner, dès que l'aube aura lui.
Si l'Empereur, ce soir, en venant voir sa mère,
Ne la fait remonter au trône héréditaire,
A la voix de don Juan, le peuple révolté,
Demain, avec l'aurore, au cri de « Liberté! »
Se lève et, la Croix rouge en sa main déroulée,
Venge à la fois la Reine et la Loi violée!

DON ARIAS.

Demain!

DOÑA FLORESTA.

N'es-tu pas prêt? Il faut partir.

DON ARIAS.

Hélas!

DOÑA FLORESTA.

Qui te retient? Don Juan vaincra-t-il sans Arias?

DON ARIAS.

J'admire son grand cœur et son œuvre m'attire :
Je braverais la mort pour sauver la martyre.
Mais mon devoir est-il de marcher près de lui?
Et puis-je, sans faillir, lui prêter mon appui?
Songes-y, Floresta! Pour venger cette mère,
Moi-même m'insurger contre mon propre père!
Laver le parricide en son sang paternel
Et, pour punir autrui, devenir criminel!

DOÑA FLORESTA.

C'est à ton père, Arias, à déposer l'épée,
S'il ne veut pas la voir du sang d'un fils trempée !
C'est à lui, le soldat du crime, à déserter :
A toi de l'y contraindre, en osant l'affronter !

DON ARIAS.

Que me conseilles-tu !

DOÑA FLORESTA.

                      Honte sur qui déserte,
Quand la cause est sacrée et la bataille offerte !
Tu te déroberais à l'œuvre du grand jour,
Toi que, pour ta vaillance, a choisi mon amour !

DON ARIAS.

Je t'ai voué ma vie, et tu l'as acceptée ;
Et, comme vers le port une nef enchantée,
D'heure en heure elle court vers l'avenir si doux
Où l'heureux fiancé sera l'heureux époux !

DOÑA FLORESTA, avec mélancolie.

Je bénirai ce jour, si Dieu veut qu'il se lève ;
Mais, pareil à l'arbuste à qui manque la sève,
L'espoir qui fleurissait tout d'un coup a pâli,
Et mon cœur de tristesse et d'angoisse est rempli !

DON ARIAS.

Ton angoisse te trompe et ta tristesse est vaine.

DOÑA FLORESTA.

Notre malheur naîtra des malheurs de la Reine !

Car son deuil est le mien et, si près de ses pleurs,
Je rougirais, ami, de me sentir heureuse :
Si de l'amour sans fin tu veux cueillir les fleurs,
Sur le velours du trône endors la douloureuse !

DON ARIAS.

Quand tu parles, tout sonne et brille de beauté !
Pour voir tes yeux sourire, est-il rien que je n'ose ?
Je me sens, près de toi, hors du monde emporté,
Dans un ciel tout aurore et tout clarté de rose !

DOÑA FLORESTA.

Va, revêts-toi de gloire ; et partons, enlacés,
Vers ce ciel qu'entrevoit le désir de nos âmes !

DON ARIAS.

Que le bonheur, divin joyau, sorte des flammes
Qui brûlent nos deux cœurs d'un même amour blessés !

DOÑA FLORESTA.

Dans les tiédeurs du nid intime et solitaire,
Où, cygnes frissonnants, oublieux de la terre,
Nous vivrons unis, seuls, l'un pour l'autre, à jamais,
Quels longs jours de délice, amour, tu nous promets ! —
Va, conquiers ton épouse, en délivrant ta reine !

DON ARIAS.

Je recevrai ta main de sa main souveraine !
Sans avoir à choisir entre mon père et toi,
Je vivrai de ton âme et tu vivras pour moi !

6

Oui, le sang castillan ne teindra point l'épée ;
Oui, pour lui rendre enfin sa couronne usurpée,
Son fils vient, son sauveur ! J'en ferais le serment !

DOÑA FLORESTA.

Mais que feras-tu ? dis ! si ton espoir te ment ?

DON ARIAS.

Que Dieu m'inspire alors !

SCÈNE VI

Les Mêmes, CATALINA

CATALINA, appelant.

Floresta !

DOÑA FLORESTA.

Qui m'appelle ?

CATALINA, entrant.

Ma mère.

DOÑA FLORESTA, à don Arias.

Attendez-nous.
(Lui présentant Catalina.)

L'Infante.
(Elle entre chez la Reine.)

SCÈNE VII

DON ARIAS, CATALINA

DON ARIAS, après avoir mis un genou en terre et baisé la main de l'Infante, immobile, l'œil fixe.

Moi, rebelle!

CATALINA.

Pourquoi parlez-vous seul?... Regardez-moi, señor.
Comment vous nommez-vous?

DON ARIAS.

Arias.

CATALINA, ajustant son collier.

Ce collier d'or
Est trop grand pour mon cou, n'est-il pas vrai? Ma mère
Vient de me le donner, pour mieux fêter mon frère.
Elle aussi s'est parée. Elle a mis sur son front
Des fleurs de diamant qui rayonnent en rond.
Elle est très belle ainsi, malgré sa tempe grise.
Floresta, tout à l'heure, a pleuré de surprise.
Que va dire Carlos?... A propos, savez-vous,
Señor, quel est mon nom?

DON ARIAS.

Il doit être bien doux!

CATALINA.

Je suis Catalina, la petite princesse.
Quand on me parle, il faut me dire : Votre Altesse.
Mais vous ne parlez pas ! Êtes-vous souffrant?

DON ARIAS.

Non.

CATALINA.

L'homme noir ne veut point qu'on tire le canon.
Vous m'entendrez me plaindre à Carlos tout à l'heure !
Nous quittons ce méchant enfin et sa demeure
Pour une autre, moins triste, et d'où l'on peut sortir.

DON ARIAS, vivement.

L'Empereur l'a promis ?

SCÈNE VII

LES MÊMES, Doña JUANA, Doña FLORESTA,

CATALINA.

C'est l'heure de partir,

Maman ?

DOÑA JUANA, qui, un diadème au front, est entrée calme et souriante, accompagnée de Doña Floresta

Non, pas encor, mais bientôt. Tiens !

(Elle lui donne un jouet.)

Va, joue.

CATALINA.

C'est la fée aux grelots qui marche et tend la joue !

DOÑA JUANA.

Mais tu sais qu'en effet ce qui la fait mouvoir,
C'est un ressort caché que tu ne peux pas voir.
La fée est notre image. Aveugle race humaine,
Nous croyons marcher seuls, mais le destin nous mène.
          (A Doña Floresta désignant don Arias),
Quel est ce gentilhomme ?

DOÑA FLORESTA.

          Un loyal chevalier.

DOÑA JUANA.

Je vois un homme ici qui n'est pas un geôlier !
Soyez le bienvenu dans ce jour où ma vie
A moins d'ombre...
     (Elle s'assied.)
                    A mon cœur ma famille ravie
Me sera-t-elle enfin rendue et pour jamais ?
Vais-je reconquérir mon père que j'aimais..,
Que j'aime encor, malgré son arrêt trop sévère ?
     (A ces mots, Doña Floresta et don Arias échangent un regard de compassion.)
Et mon petit Fernand !.. Songe-t-il à sa mère ?
Si Carlos l'amenait ! Revoir mes trois enfants
Groupés autour de moi, dans mes bras triomphants !
Sortir de ce tombeau ! N'être plus le fantôme,
La mère sans enfants, la reine sans royaume !
Ressaisir à Burgos le sceptre maternel

Et, vengeant mon époux, frapper le criminel !
Quel rêve, Floresta !

DOÑA FLORESTA.

Votre Altesse s'exalte !

DOÑA JUANA.

Plus l'oasis est verte et plus douce est la halte !
Cette oasis fût-elle un mirage insensé,
J'aime l'illusion qui de mon cœur lassé
Repose la douleur un instant apaisée.
Qu'importe au lys mourant d'où lui vient la rosée ?

CATALINA, qui était sortie depuis quelques instants, revenant

Le voilà ! le voilà !

DOÑA JUANA se levant tout émue

Carlos !

CATALINA

Entendez-vous ?,.
Tout s'ouvre devant lui, les portes, les verroux...

(La porte du fond s'ouvre à deux battants : un jet de vive lumière inonde la salle,
et, dans le couloir, on voit Charles-Quint, que précède le marquis de Denia,
s'avancer, tenant par la main Catalina, qui a couru au-devant de lui.)

DOÑA JUANA, debout.

Et le jour entre à flots dans ces noires murailles !
Viens, ô mon premier-né, cher fruit de mes entrailles,
Viens, mon libérateur, mon vengeur attendu :
Que je sente ton cœur sur mon cœur éperdu !
Que je baise ton front — où je revois ton père !

SCÈNE IX

LES MÊMES, CHARLES-QUINT, LE MARQUIS DE DENIA.

CHARLES-QUINT, après avoir embrassé sa mère

Nous voulons demeurer seul avec notre mère.
Qu'on sorte !

(Tout le monde obéit.)

CATALINA.

Et moi, Carlos, aussi ?

(Charles-Quint l'attire à lui.)

SCÈNE X

DOÑA JUANA, CHARLES-QUINT, CATALINA.

CHARLES-QUINT,

Mère et toi, sœur,
J'éprouve à vous revoir une intime douceur. —
Je n'étais qu'un enfant lorsque je t'ai quittée.

DOÑA JUANA.

Par l'âge et le malheur tu me vois dévastée.

CHARLES-QUINT.

Non... Quelques fils d'argent à peine en tes cheveux ;
Et les deuils, c'est fini !

DOÑA JUANA.

                    Le premier de mes vœux
Etait de t'embrasser, mon fils, et je t'embrasse,
Reconnaissante à Dieu qui me fait cette grâce.

CHARLES-QUINT.

Sois enfin consolée !

DOÑA JUANA.

Oui, tu vois, je souris.

CATALINA, heureuse

Maman !

DOÑA JUANA.

Depuis treize ans, je l'avais désappris !

CHARLES-QUINT.

J'ai souvent caressé l'espoir de cette joie ;
Mais l'aigle impériale est un oiseau de proie
Qui dévore mes jours.

DOÑA JUANA, le contemplant avec la tendresse et l'orgueil d'une mère.

                    Et qui te fait planer
Au-dessus de tous ceux que nous voyons régner,
Empereur à vingt ans, mon jeune Charlemagne !

CHARLES-QUINT.

Pas encor ! pas encor ! je n'ai que l'Allemagne.

DOÑA JUANA.

Mais, pour l'avoir, Carlos, tu l'as dû disputer
Au plus grand des rivaux, et sur lui l'emporter !

CHARLES-QUINT.

C'est vrai, je l'ai battu ; mais Marignan lui reste,
Et contre son échec son fier exploit proteste.
Le titre dont Bayard l'illustra dans ce jour.
Ses trésors, ses palais, les splendeurs de sa cour,
Son royaume si beau qu'il embellit encore,
Son Paris, nid des arts, Athène à son aurore,
Et lui-même, géant rieur, monarque aimé,
Adoré comme un dieu dans son Louvre charmé :
Tout ce bruit, cet éclat, cet orgueil m'importune.
Le ciel n'a qu'un soleil ! Il faut que la fortune,
Entre François et moi, choisisse : je le veux !
Dussé-je contre lui, pour accomplir mes vœux,
Liguer tous les États et grouper vingt armées,
Il le faut ! Je prendrai ses villes affamées,
J'abattrai ses remparts, son trône, sa grandeur.
Tant que la France vit et garde sa splendeur,
Elle offusque la mienne, et l'Europe a deux maîtres.
C'est trop ! Un seul suffit !... J'en fais juges mes reîtres !

DOÑA JUANA.

Si ton père vivait, qu'il serait fier de toi !
Tu sais vouloir, Carlos. Tu dicteras la loi

A tous tes ennemis, comme un César de Rome.
Tu vivras sans égal : Dieu t'a choisi, jeune homme !
Hérités ou conquis, vingt royaumes, un jour,
De ton empire immense empliront le contour.
Les tiens par leurs malheurs ont préparé ta gloire :
Nous en jouirons tous ; mais nul, tu peux me croire,
Nul plus que moi, Carlos !

CHARLES-QUINT.

                    Oui, je connais ton cœur,
Pauvre mère !

(Il s'assied.)

DOÑA JUANA.

                    Je fus traitée avec rigueur :
J'ai droit à la pitié ! Depuis combien d'années,
Les heures, sous ces murs, aux heures enchaînées
Ont fui, sans m'apporter une joie, un espoir,
Un sourire.., hors toi, qui m'es si douce à voir,
Catalina, mon ange ! Encore, ce sourire,
Mon cœur se le reproche et je plains ton martyre,
Chère enfant condamnée à ne voir que des pleurs,
Loin des cieux pleins d'azur, loin des champs pleins de fleurs !

CATALINA.

Ne me plains pas, maman ! Je sors, moi, les dimanches ;
Je descends dans le parc, où, jouant sous les branches,
Je vois les papillons briller, et les oiseaux,
Au bord de l'Hormilla, boire entre les roseaux.
Mais toi, jamais ! Carlos, jamais elle ne quitte
Cette salle ou sa chambre, encore plus petite !

CHARLES-QUINT.

Parce qu'elle le veut.

DOÑA JUANA.

     Non, mon fils. Quand d'abord
Ton père me fut pris, dans le premier transport
De mon amour brisé par la haine et le crime,
Devant l'écroulement d'un astre dans l'abîme,
Je voulus fuir le jour, hélas ! qui l'avait fui,
Et, même après sa mort, ne vivre que pour lui.
On me crut insensée, on le fit croire au monde ;
Et, victime dès lors de cette erreur profonde,
Mon père en ce palais, qui n'est qu'une prison,
Me dérobe à tout œil, me croyant sans raison.
Je lui pardonne ; mais... qu'il sache enfin, qu'il sache
L'horrible vérité qu'un noir complot lui cache !
Toi, qui m'entends parler, mon fils, toi qui me vois,
Cherche dans mes discours, dans mes yeux, dans ma voix,
Cherche l'insanité qu'on reproche à ta mère,
Et de sa longue erreur détrompe enfin mon père !
Ou, plutôt, qu'il m'entende ! Emmène-moi d'ici !
Le mystère odieux sera vite éclairci !

CHARLES-QUINT.

Un médecin, fameux entre ceux qu'on renomme,
A dû venir, ma mère....

DOÑA JUANA.

     Interroge cet homme !
Je me tairai : qu'il parle ! Et tu sauras, Carlos,
Ce que sont ces rapports qu'on adresse à Burgos.

CHARLES-QUINT.

Ah ! le docteur Soto !... Je le verrai sans doute ;
Heureux s'il me permet de me remettre en route
Avec vous, je viendrai vous chercher....

CATALINA, se rapprochant de son frère.

Sans tarder
L'homme noir me fait peur. Il voudrait nous garder,
Mais ne l'écoute point : c'est un méchant ! Sa fille,
Méchante comme lui, prend mes jouets, s'habille
De mes robes, et même un jour...

DOÑA JUANA.

N'ajoute rien !
Le marquis, après tout, a les mœurs d'un chrétien.
(Éloignant Catalina, qui retourne à ses jouets.)
Il n'est pas un Mosen ! Il m'en a délivrée !
L'horreur me saisissait à sa vue exécrée.
Et Mosen vit encore ! L'atroce empoisonneur
Vit encore impuni !... Pardonne-moi, Seigneur !
Je voudrais pardonner, mais je ne puis !... J'espère
Qu'enfin l'heure a sonné : tu vengeras ton père,
Mon fils !

CHARLES-QUINT.

Oui, calme-toi ! Tu le veux ?... Il le faut !
Mosen Ferrer, s'il vit, mourra sur l'échafaud.
Mère, je le promets !

DOÑA JUANA

Mais qu'il se justifie,
S'il peut ! Que librement il défende sa vie !

CHARLES-QUINT.

La vengeance du fils sera digne du roi.

(Lui prenant les mains et lui parlant d'une voix caressante. L'Infante est sortie.)

Je viens pour ton bonheur, ma mère : écoute-moi.
As-tu foi dans ton fils? Doutes-tu que, sincère?...

DOÑA JUANA, qui s'était assise, se levant.

Moi, croire que mon fils puisse trahir sa mère !
Dieu ! si je le croyais !... J'en perdrais la raison !..
Je la perdrais... alors !... Vois déjà ce frisson...

CHARLES-QUINT.

Quel terrible instrument de douleur que ton âme !
Un rien la fait vibrer, tout l'émeut, tout l'enflamme...
Et tu voudrais régner ! Et, le sceptre à la main,
Conduire l'indomptable et sombre genre humain !
Pour l'âpre lutte, hélas ! où prendrais-tu la force ?
Ta fibre éclaterait sous sa légère écorce,
Jonc frêle, d'où la moindre haleine tire un son !
Laisse au chêne l'orage, et garde ta chanson !

DOÑA JUANA.

Carlos, que veux-tu dire ?

CHARLES-QUINT.

*   Audaces, énergies,
* Intérêts, passions, fureurs de sang rougies,
* Faim du peuple, appétits des rois, pièges latents,
* Mouvements imprévus de la marche du temps,
* Esprit de liberté que l'orgueil alimente,
* Des éléments humains le chaos qui fermente

* S'agite autour du Roi, sur son trône isolé,
* D'une angoisse nouvelle à chaque heure troublé.
* Quelle vigueur de corps et d'âme et de génie
* Il faut à l'ouvrier de la tâche infinie !
* A moins d'en fuir la charge en prince fainéant,
* Oui, pour porter le monde, il faut être un géant !

DOÑA JUANA.

* Et tu l'es, mon Carlos !

CHARLES-QUINT.

                    Un souffle orageux passe
Sur l'Europe à cette heure et gronde dans l'espace.
Après avoir langui mille ans, rasé le sol,
L'esprit humain reprend l'audace de son vol.
D'un besoin d'inconnu toute âme est possédée :
Luther va grandissant et Rome est débordée;
* A travers le chaos fuit le siècle emporté
* Par deux aveugles dieux : Raison et Liberté !

(Une courte pause).

Renonce au lourd fardeau qui me pèse à moi-même :
C'est un joyau souvent mortel qu'un diadème !
Viens à Burgos, viens vivre, oisive comme ici,
Heureuse enfin, sans tâche à remplir, sans souci,
Libre parmi les tiens, irresponsable et calme.

DOÑA JUANA

Le martyre, enlaçant à mon sceptre sa palme,
Me l'a rendu plus cher. J'y tiens ! Je garderai
Mon titre — et le serment à ton père juré.

CHARLES-QUINT, *s'irritant.*

Tu n'as jamais régné, malgré ton nom de reine !

DOÑA JUANA, *haussant le ton.*

En suis-je moins la vraie et seule souveraine ?

CHARLES-QUINT, *ironique, avec dédain.*

Après treize ans passés loin des vivants, au fond
De cette ombre où tout bruit dans le silence fond,
L'Europe te verrait tout à coup reparaître
Pour régir un État que tu ne peux connaître !
Y songes-tu ? Régner ! Mais comment ? Mais pourquoi ?

DOÑA JUANA, *avec hauteur.*

Tu parles sur un ton qui ne convient qu'à moi !

CHARLES-QUINT.

Si pourtant il fallait, pour la paix du royaume,
Que ma mère choisît du trône, vain fantôme,
Ou de la liberté ?

DOÑA JUANA

Hé bien !... Mais un tel choix
Ne peut m'être imposé : je tiens de Dieu mes droits !

CHARLES-QUINT.

Tu peux y renoncer ! Crois-moi, crois-moi, ma mère :
De ton malheur si long taris la source amère !

DOÑA JUANA

Suis-je donc à tes yeux indigne de régner ?
Me crois-tu folle aussi ?

CHARLES-QUINT.

                    Choisis, sans t'obstiner,
Choisis la liberté !

DOÑA JUANA, *avec énergie.*

              La liberté m'est due :
Je la réclame !

CHARLES-QUINT, *durement.*

          En vain !

DOÑA JUANA

                    Je t'écoute, éperdue.
Pourquoi ce dur langage et cet emportement ?
Tout à l'heure ta voix me parlait doucement ;
Tes yeux semblaient émus ; et, comme une caresse,
Je sentais ta pitié répondre à ma tendresse...
Carlos, je suis ta mère ! Est-ce à toi d'ordonner ?

CHARLES-QUINT, *changeant d'attitude.*

Je supplie... A tes pieds faut-il me prosterner ?...
J'étais loin de prévoir si ferme résistance !

DOÑA JUANA.

C'est du droit méconnu l'infrangible constance !

CHARLES-QUINT.

Sois libre enfin ! Choisis...

DOÑA JUANA.

Mon choix est fait, Carlos :
Je n'abdiquerai point ! Va, retourne à Burgos,
Et porte ma réponse à celui qui t'envoie :
Je suivrai jusqu'au bout ma douloureuse voie.
Dieu m'a fait naître Reine, et Reine je mourrai ;
Car je ne suis pas folle !... Et mon droit est sacré.

CHARLES-QUINT.

Ah ! pour quitter enfin cette tour meurtrière..,
Par pitié pour nous tous, exauce ma prière !

DOÑA JUANA.

Mais ce serait, Carlos, pour ouvrir ma prison,
Faire au monde, moi-même, aveu de déraison !
Je suis digne du trône : ici je le proclame :
Je ne signerai point la honte de mon âme !...
Tais-toi ! N'insiste plus !

CHARLES-QUINT.

Quoi ! tu me laisserais
Partir !.. Mère, c'est moi que tu délivrerais...
Choisis la liberté !

DOÑA JUANA.

Qu'en ce tombeau je meure !
Je choisis la couronne. Adieu. Pars !

CATALINA, courant à son frère et pleurant.

Non, demeure !..
Ou prends-nous avec toi, Carlos !

Doña Juana la saisit par le bras, l'entraîne et rentre avec elle dans son appartement.

7

SCÈNE XI

CHARLES-QUINT seul.

CHARLES-QUINT.

       Fatalité !
Le glaive aura raison du peuple révolté.
Ma mère, en abdiquant, l'eût désarmé sans doute ;
La révolte, soudain, reculait sur sa route ;
Les Communes rentraient dans l'ordre : désormais,
C'était l'apaisement, la concorde à jamais ;
Mon trône raffermi, ma puissance assurée ;
Elle-même, ma mère, à la fin délivrée...
Qui l'eût dit? N'avoir pu la faire consentir !
Et maintenant, devoir mentir encor! mentir !

    (Appelant.)

Marquis !

    (Le marquis de Denia accourt aussitôt, accompagné de son fils.)

SCÈNE XII

Le Même, LE MARQUIS DE DENIA
DON ARIAS

CHARLES-QUINT.

Que le docteur soit mandé! Je désire
Entendre son avis sur notre mère.

LE MARQUIS DE DENIA, *dépliant un rouleau qu'il tient à la main.*

Sire,
Son avis, je l'apporte à Votre Majesté.

CHARLES-QUINT, *à part, avec une légère inquiétude.*

Cet homme a-t-il osé dire la vérité?
(Haut.)
Lisez!

LE MARQUIS DE DENIA, *lisant.*

« Au nom de Dieu, de la Vierge Marie...

CHARLES-QUINT.

Abrégeons! Conclut-il... que la Reine est guérie?

LE MARQUIS DE DENIA

Jamais, jusqu'à ce jour, nul n'a plus hautement
Affirmé sa démence.

CHARLES-QUINT, *presque involontairement.*

Un lâche encor qui ment!

LE MARQUIS DE DENIA, *reculant, étonné.*

Sire!..
(*Mouvement en sens contraire de don Arias, surpris et joyeux.*)

CHARLES-QUINT.

Autour du palais vous triplerez la garde.
Veillez!

LE MARQUIS DE DENIA.

Comptez sur moi!

CHARLES-QUINT.

                    Le reste me regarde;
Et j'ai hâte d'agir !

LE MARQUIS DE DENIA, suivant l'Empereur prêt à sortir.

Sire, un mot.

CHARLES-QUINT s'arrêtant.

                         Qu'est-ce encor ?

LE MARQUIS DE DENIA

J'ai promis au docteur deux cents quadruples d'or.

CHARLES-QUINT, avec mépris.

Certe, il les a gagnés ! J'ajoute une abbaye. —
Mon escorte, marquis !

DON ARIAS, consterné à art.

                    Pauvre reine trahie !
(Tout à coup, il s'élance et, se jetant aux genoux de Charles-Quint, il s'écrie)
Au nom de votre gloire, à vos sacrés genoux,
Sire !..

CHARLES-QUINT.

          Arias !

LE MARQUIS DE DENIA, troublé, irrité.

     Oses-tu !..

CHARLES-QUINT.

               Que voulez-vous de nous ?

DON ARIAS.

Pitié pour votre mère et pitié pour votre âme!

CHARLES-QUINT.

Vous en avez trop dit! Nous ne souffrons ni blâme
Ni louange. Malheur à qui juge! Obéir
C'est tout votre devoir!

DON ARIAS.

                    Ce serait vous trahir
Que de ne point parler, ô mon roi! La Castille.
Tout entière se lève et déjà le fer brille.

CHARLES-QUINT.

Je saurai le briser! Le peuple se taira.

DON ARIAS, se relevant à demi.

Si le peuple se tait, un autre parlera!

CHARLES-QUINT.

Et qui donc?

DON ARIAS, debout.

                    Celui-là qu'on n'a jamais fait taire,
Qui sous sa grande main tient les rois de la terre!

CHARLES-QUINT.

Que nul ne s'interpose entre César et Dieu!
J'attendrai sa justice.
        (Au marquis de Denia, en sortant.)
                    Et vous, qu'on veille! Adieu!
(Aussitôt Charles-Quint sorti avec le marquis de Denia, Doña Floresta paraît
et s'approche de don Arias.)

SCÈNE XIII

DOÑA FLORESTA, DON ARIAS

DOÑA FLORESTA.

Seras-tu pour la mère? ou le fils parricide?..
Réponds! Qu'as-tu choisi?

DON ARIAS, avec résolution.

De t'obéir! Décide.
Mon épée à ta voix sortira du fourreau :
Je suis pour la victime et non pour le bourreau!
— Où se trouve don Juan?

DOÑA FLORESTA.

Plus près que l'on ne pense.
Viens! Je serai ton guide; et, pour ta récompense,
Tu me retrouveras demain, mort ou vainqueur,
Fidèle, dans ta tombe, Arias, ou sur ton cœur!

(Elle l'entraîne vers les appartements de la Reine. Le rideau baisse.)

ACTE QUATRIEME

ACTE QUATRIÈME

Même décor qu'au troisième acte.

SCÈNE PREMIÈRE

LE MARQUIS DE DENIA, ESTRELLA, CASILDA
LIBIA.

LE MARQUIS, assis.

Oui, c'est l'isolement et c'est la servitude ;
Mais le salaire est fort, si le service est rude.

(S'adressant à Libia.)

Vous êtes mariée ? Il ne me convient pas
D'avoir deux curieux attachés à mes pas :
On conte à son mari ce qu'à tous il faut taire.
Allez !

(Elle sort.)

CASILDA, s'avançant.

Moi, je suis veuve.

ESTRELLA, de même.

Et moi, célibataire.

LE MARQUIS.

Point d'amant ?...

LES DEUX FEMMES, à la fois, se récriant.

Oh ! señor !

LE MARQUIS.

Je dois vous avertir,
Que, sans un surveillant, vous ne pourrez sortir ;
Que vous devrez garder le plus secret silence
Sur la Reine, soumise à votre vigilance,
Et, sans me rien cacher ni jamais vous trahir,
Être en tout, jour et nuit, prêtes à m'obéir.
Ce langage est-il clair ?

ESTRELLA, interrogeant Casilda du regard.

Comptez sur vos servantes.

LE MARQUIS.

Soyez dans votre zèle adroites et ferventes ;
Car, ne l'oubliez pas ! un geste de ma main,
Et celle du bourreau se lèverait soudain.

(Il les congédie, elles se retirent, en s'inclinant obséquieusement. Un officier entre
apportant une épée et un écrit qu'il remet au marquis de Denia.)

SCÈNE II

LE MARQUIS DE DENIA seul.

LE MARQUIS.

Son épée!... Enfin!... Mort! Les rouges funérailles
Succèdent à l'orgie et lavent ces murailles!
Aux gueux, qui nous bravaient, les châtiments prédits!
Vous n'échapperez pas de nos mains, non, bandits!
Vous allez expier une lutte insolente :
La victoire sera plus qu'elle encor sanglante.
Nous voulons, nous saurons demeurer les plus forts...
Périssent les vaincus! On n'est sûr que des morts.

 (Un silence.)

Pour elle, trois mois libre et reine en apparence,
Plus d'aveugle pitié! de folle tolérance!
Sur cette malheureuse il nous faut désormais
Sceller — ils l'ont voulu! — ces pierres pour jamais!
Murons comme un tombeau ce palais, dont l'émeute
Triomphante avait fait le chenil de sa meute :
Je le dois au pays qu'elle agite en vivant,
Reine, pour qui le sang a coulé trop souvent!

 (Nouveau silence.)

Tant qu'elle gardera ce titre, elle est armée :
La flamme, éteinte hier, peut être rallumée...
Reprise et ramenée au point du jour ici,
Tout est à craindre d'elle, exaspérée; et si,
Devant l'Europe émue et nos villes troublées,
Les témoins qu'on m'annonce, aux Cortès assemblées

Déposaient contre nous et pour elle —, ces murs,
Demain, pour la garder, seraient-ils assez sûrs ?

(Un garde paraît, précédant le docteur Soto.)

SCÈNE III

Le Même, LE DOCTEUR SOTO.

LE MARQUIS DE DENIA.

Vous voilà de retour !

LE DOCTEUR SOTO.

    Votre appel me ramène.
De mes bois, pour venir, j'ai quitté l'ombre amène,
Non sans quelque regret, par ce jour frais et clair,
Où l'odeur des lilas rit éparse dans l'air.

(Une pause.)

Donc, le pouvoir triomphe et l'hydre est abattue !

LE MARQUIS DE DENIA.

Elle rentre en sa fange, oui : la plèbe s'est tue !

LE DOCTEUR SOTO.

Ce pauvre Padilla !

LE MARQUIS DE DENIA.

    Vous l'acclamiez hier !

LE DOCTEUR SOTO.

En spectateur discret. La goutte dans la mer
Peut-elle s'isoler? le flot fuit-il sans elle?

LE MARQUIS DE DENIA.

La fortune a changé!

LE DOCTEUR SOTO.

Doutez-vous de mon zèle?

LE MARQUIS DE DENIA.

Je n'ai garde! Je sais que la Rébellion,
Écrasée aujourd'hui sous le pied du lion,
Ne fera plus de vous, homme sage, un transfuge.
Vous aimez la victoire! Elle est votre refuge.

LE DOCTEUR SOTO.

Si c'est Dieu qui la donne, et l'on n'en peut douter,
A moins d'être un impie, on la doit respecter.

LE MARQUIS DE DENIA.

Rouge du sang du peuple odieux qu'elle écrase,
La nôtre a pour toujours raffermi sur sa base
La majesté du trône et les droits de Carlos.
La Commune est broyée; et les Caballéros
Ont remis dans mes mains le rebelle et la Reine.

LE DOCTEUR SOTO.

Don Juan est ici?

LE MARQUIS DE DENIA.

Non.

LE DOCTEUR SOTO.

Son châtiment vous gêne,

Marquis ?

LE MARQUIS DE DENIA.

Moi !

LE DOCTEUR SOTO.

Votre fils aura-t-il même sort ?
Ils combattaient ensemble !

LE MARQUIS DE DENIA, troublé, humilié.

Arias !

LE DOCTEUR SOTO, l'observant, avec malice.

Brutus est mort !

LE MARQUIS DE DENIA.

C'est de doña Juana qu'il s'agit !

LE DOCTEUR SOTO.

Que désire

Le maître ?

LE MARQUIS DE DENIA.

Qu'au royaume elle cesse de nuire !

LE DOCTEUR SOTO.

Et c'est moi ?... J'entends! Mais...

LE MARQUIS, avec indignation.

                               Qu'osez-vous soupçonner?...
Qu'elle vive et longtemps, mais sans pouvoir régner,
Déchue enfin des droits, que sans cesse elle invoque.
Les Cortès, croyant plaire au roi, qui les convoque,
Ont hier résolu de déléguer ici
Un groupe de vieillards publiquement choisi :
Fiers et preux Castillans issus de noble race,
Qu'aucun soupçon n'atteint et que l'honneur cuirasse,
Pour soumettre à l'épreuve, en toute loyauté,
La raison de la Reine ou son insanité.

            (Un silence.)

Puis-je les recevoir sans péril et sans crainte?
Je requiers votre avis. Parlez sans peur ni feinte,
Avec poids et savoir : soyez franc et précis,
Docteur, fixez enfin mon esprit indécis.

LE DOCTEUR SOTO.

Vous semblez n'avoir plus votre fière assurance!

LE MARQUIS.

Oui, j'hésite, et le dois en si grave occurrence.
Il y va de l'honneur de César et du mien;
Il y va de la paix des Espagnes! Eh bien?...
Parlez!... Dois-je ajourner la redoutable épreuve?

LE DOCTEUR SOTO, le regardant fixement, d'un air profond.

Non!

LE MARQUIS.

Prenez garde à vous!

LE DOCTEUR SOTO.

On peut fournir la preuve...
J'en garantis l'issue !

LE MARQUIS.

Êtes-vous donc si sûr,
Docteur, de sa démence ?

LE DOCTEUR SOTO.

Il n'est cristal si pur
Que ne puisse ternir la vapeur d'une haleine.
Il suffit, pour troubler la raison de la Reine,
D'un grand coup imprévu frappé subitement
Sur ses nerfs trop tendus et sur son cœur aimant.
Dans les noires humeurs de la mélancolie
Il se cache toujours des ferments de folie
Qu'on peut, au gré de l'art, détruire ou cultiver.
Le retour du malheur a dû les activer
Dans les fibres à vif de son âme blessée.
Une secousse encore, et soudain sa pensée,
Dans la nuit du chaos dispersée au hasard,
Assurera le trône et l'honneur de César.

LE MARQUIS, avec scrupule.

Puis-je aller jusque-là ?... Que mon roi me pardonne !
Non, je ne le dois pas... à moins qu'il ne l'ordonne ! —
Je ne recevrai pas les délégués.

LE DOCTEUR SOTO, avec finesse.

Pourquoi ?
Ils savent, comme nous, quel est le vœu du roi...

Et n'est-il pas lui-même une preuve vivante
Du mal qui dans le sang de sa mère fermente?

LE MARQUIS.

Comment?

LE DOCTEUR SOTO.

L'épilepsie en est le fruit normal.

LE MARQUIS.

Taisez-vous, malheureux!

LE DOCTEUR SOTO.

Cachons-le! Mais ce mal
Semble bien l'attribut fatal de tout grand homme :
Mahomet s'en fit gloire, et César l'eut à Rome.

LE MARQUIS.

Assez! — Tenez-vous prêt à mes ordres.

(Il lui fait signe de se retirer et, tombant assis, il murmure, triste et pensif,
le nom de son fils.)

Arias!

LE DOCTEUR SOTO, au moment de sortir, s'arrêtant.

* O ma douce chambrette! ô chers livres, hélas!
* Quand pourrai-je, échappé du bourbier politique,
* Sur vos feuillets jaunis goûter le sel attique,
* Loin des rois dévideurs des fuseaux de Clotho!

LE MARQUIS.

* La France a Triboulet et nous avons Soto!

8

SCÈNE III

LE MARQUIS DE DENIA, DON ARIAS.

LE MARQUIS, à son fils, qui entre inquiet et préoccupé.

J'ajoute mon pardon à la grâce royale.
Jai tout oublié... hors ta valeur martiale.
Viens. Embrasse ton père et relève ton front;
Mais sois, à l'avenir, plus fidèle et moins prompt
A séparer du mien l'intérêt de ta vie...
Mon fils, que jamais plus ton devoir ne dévie !

DON ARIAS.

Qu'est devenu don Juan ? Du généreux vaincu
Je veux savoir le sort. Vit-il ?... A-t-il vécu ?

LE MARQUIS.

Ne pense plus à lui.

DON ARIAS.

C'est mon ami ! mon frère !

LE MARQUIS.

Mérite l'amitié que te montre ton père,
En chassant de ton cœur tout coupable regret :
A me désobéir, ton crime renaîtrait.

DON ARIAS.

Oh ! ne m'imposez pas un oubli que mon âme
Ne saurait concevoir et qui serait infâme !

LE MARQUIS.

Ne songe qu'à remplir ta noble mission.

DON ARIAS.

Laquelle?

LE MARQUIS.

Arias, pour prix de ta défection,
L'Empereur t'a chargé de conduire l'Infante,
Sa sœur, auprès de lui, dans sa cour triomphante.

DON ARIAS.

Avec sa mère?

LE MARQUIS.

Non.

DON ARIAS.

Et l'Infante y consent?
(Sur ce mot, entre doña Floresta venant de la chambre de la Reine.)

LE MARQUIS.

Avec bonheur.

SCÈNE IV

LES MÊMES, DOÑA FLORESTA.

DOÑA FLORESTA, d'un ton énergique et indigné.

Oui, mais... De son âge innocent
Vous n'abuserez pas! J'ose vous le prédire.

Nous saurons à la Reine épargner le martyre
Que lui prépare encor son monstrueux vainqueur.
On n'arrachera point les fibres de son cœur,
On ne lui fera point cette atroce blessure :
Son enfant restera près d'elle, je le jure!

LE MARQUIS.

De Juan de Padilla je reconnais la sœur!
Mais l'orgueil fut toujours mauvais intercesseur...
Comptez-vous sur son bras? Et croyez-vous peut-être
Qu'il s'est, comme un soleil, couché pour reparaître?

DOÑA FLORESTA.

Il n'est point de miracle impossible au héros!

LE MARQUIS, d'une voix terrible.

Allez prier pour lui! Je connais nos bourreaux.

DOÑA FLORESTA.

Grand Dieu! Que dites-vous?

DON ARIAS.

Don Juan n'est plus?

DOÑA FLORESTA.

Mon frère!

LE MARQUIS.

J'ai fait trancher sa tête et mis son corps en terre.

DON ARIAS.

Vous avez fait cela?

LE MARQUIS, jetant à ses pieds l'épée de don Juan.

Ma haine était d'accord
Avec le droit royal.

DOÑA FLORESTA, un genou en terre, baisant pieusement l'épée.

Paix et louange au mort!

DON ARIAS, se rapprochant d'elle.

S'il est mort en effet, lui qui vit dans nos âmes,
Dont l'épée a laissé son éclair sur nos lames;
Lui, qui, vengeur du droit, a du monde enchanté
Fait sonner les échos du cri de « Liberté »!
A révélé sa force au peuple qu'on opprime,
Et jusque sur le trône osé frapper le crime!
Tu fus un justicier; tu fus un précurseur,
Et la mort est venue en t'amenant sa sœur,
La gloire! O toi, l'égal de nos plus fiers ancêtres,
Par qui l'Europe apprend comme on brise ses maîtres,
Ton œuvre mûrira dans les siècles profonds!

DOÑA FLORESTA.

Que son sang noble et pur retombe sur vos fronts,
Rois et valets des rois!

LE MARQUIS.

Quels démons vous excitent?
Tremblez!...

DOÑA FLORESTA.

Tremblez, vous! oui, vous! Les Christs ressus-
Et don Juan peut revivre en votre propre fils!   [citent!
(Elle tend l'épée à don Arias.)

LE MARQUIS.

Ah ! plutôt de mes mains !...

DON ARIAS.

                    Frappez ! Car si je vis,
Ce sera loin de vous et ce sera pour elle.

LE MARQUIS.

Pour elle ?

DON ARIAS.

Cet anneau nous unit.

DOÑA FLORESTA.

                    Hélas ! frêle
Chaînon, il ne tient plus à nos doigts, et le sort
Entre nos cœurs, Arias, a dressé le grand mort !

DON ARIAS.

Que dis-tu, Floresta ?

DOÑA FLORESTA.

                    La hache de ton père
A tranché nos liens en tombant sur mon frère :
Notre bonheur est mort et gît dans son tombeau.
Le nom de la victime et celui du bourreau
Ne sauraient plus s'unir. J'en appelle à toi-même !

DON ARIAS.

Te perdre aussi ! Pourquoi vivrais-je alors ?... Je t'aime,
Et tout le vaste monde est un désert sans toi !

DOÑA FLORESTA.

Eh! crois-tu donc, crois-tu que rien ne saigne en moi?
Que sans déchirement mon cœur te sacrifie?
En renonçant au tien, Arias, j'éteins ma vie.
* L'avenir, devant moi, vide comme un cercueil,
* S'emplit de solitude et se couvre de deuil.
* Plus de foyer vivant et clair, chaud de tendresses!
* Le veuvage éternel et ses mornes détresses!
Mais il le faut! Reçois mon baiser fraternel...
Je me voue à la Reine!

DON ARIAS.

                    Et moi, je voue au ciel
Ma jeunesse déserte et mon âme flétrie!

LE MARQUIS.

Tu te dois à ton roi!

DON ARIAS.

                    Je le hais!

LE MARQUIS.

                    Ta patrie...

DON ARIAS.

Ma patrie est le cloître, et mon père, c'est Dieu!

LE MARQUIS.

Tu veux me fuir? Ingrat!

DON ARIAS.

                    Je vous renie! Adieu.

SCÈNE V.

Les Mêmes, CATALINA.

CATALINA.

Vous partez!... Et moi?

DON ARIAS.

Vous!

CATALINA.

       Je me fais une fête
De ce voyage... Viens, je serai bientôt prête,
Viens m'aider, Floresta. Cette noire maison,
On l'appelle un palais, mais c'est une prison!
J'ai hâte d'en sortir et de revoir mon frère,
Dans sa cour. Il m'attend. Allons!

DOÑA FLORESTA.

        Et votre mère?
Auriez-vous donc le cœur de la laisser ici,
Seule, Catalina?

CATALINA.

    Moi! Maman part aussi.
Elle doit nous rejoindre.

DOÑA FLORESTA.

    On vous trompe, princesse!

CATALINA, au marquis de Denia.

Quoi! vous m'auriez menti?

LE MARQUIS.

Que ce vain débat cesse !
L'avenir de l'Infante exige son départ :
Le Roi, l'État le veut. Allez et, sans retard,
Soyez prête à partir, Altesse, dans une heure.

CATALINA, s'asseyant.

Je ne partirai pas, si ma mère demeure.

LE MARQUIS.

Je saurai vous contraindre à m'obéir.

CATALINA.

Oh ! non !
Je ne suis qu'une enfant, mais royale, et mon nom...

(Impatienté, le marquis de Denia s'avance vers elle d'un air menaçant.
Elle se lève, plus indignée qu'effrayée, et, courant vers la chambre
de la Reine, elle l'appelle à grands cris.)

Maman !.. maman !...

SCÈNE VI

Les Mêmes, DOÑA JUANA

DOÑA JUANA, pâlie, fatiguée, les yeux fiévreux, le front assombri, les cheveux
en désordre, apparaissant tout à coup sur le seuil de sa chambre.

Qu'as-tu ? Que veux-tu ? Réponds vite !
Pourquoi ce cri d'alarme ?

(L'envoyé de Charles-Quint entre suivi de près par un vieillard enchaîné.)

DOÑA JUANA, vivement.

Venez-vous m'annoncer mon fils?

L'ENVOYÉ.

Excusez-moi.
Carlos, sacré César, triomphe en Allemagne,
Altesse.

DOÑA JUANA.

Et cependant, je me meurs en Espagne!
A lui tout le soleil, à moi toute la nuit!
Mais sait-il, lui, l'heureux, que sa mère qu'il fuit,
Aux mains de ses valets perfides retombée,
Se débat sans secours sous leur genou courbée?
Sait-il ce que je souffre? et quel affreux soupçon
Me dévore le cœur au fond de ma prison?

LE VIEILLARD, redressant sa tête blanche et pâle.

Tout ce que vous souffrez, il l'a prescrit lui-même,
Doña Juana!

DOÑA JUANA, avec un tressaillement.

Qui m'a répondu?... Ce front blême...
Cette voix, Dieu! C'est lui!... lui! lui!... Mosen Ferrer!
Eh quoi! Judas encor vous attend dans l'enfer?

L'ENVOYÉ.

Le roi vous a promis cet homme : il vous le livre!

DOÑA JUANA.

Eh bien, que de sa vie infâme on nous délivre !

MOSEN FERRER.

Soit ! Mais, en vous vengeant, laissez-moi me venger !

DOÑA JUANA, anxieusement.

De qui ?

MOSEN FERRER.

De deux ingrats ! Dieu, qui va me juger,
A jugé déjà l'un : qu'il juge bientôt l'autre !
Car mon crime est le leur.

DOÑA JUANA.

Vous avouez le vôtre,
Vous l'avouez enfin !

MOSEN FERRER.

J'ai tué votre époux,
Oui, c'est vrai ! Mais pourquoi ? pour qui ? le savez-vous ?

DOÑA JUANA.

Non... Parlez !

LE MARQUIS.

Taisez-vous !

MOSEN FERRER.

Me taire !

LE MARQUIS, aux gardes.

Qu'on l'emmène !

MOSEN FERRER, les arrêtant du regard et du geste.

* Je sens comme un volcan gronder en moi la haine :
* Le fiel amer m'étouffe, et je veux le cracher !
* Écoutez-moi, vous tous !

LE MARQUIS.

Je saurai t'empêcher !...

MOSEN FERRER.

* Non ! Je l'étalerai, l'ordure de la tombe
* Et l'ordure du trône, avant que je succombe !
* Mets à ton zèle un frein, mon complice et le leur :
* Le même prix attend ton œuvre de malheur !

DOÑA JUANA.

* Quelle œuvre ? Expliquez-vous !

MOSEN FERRER.

L'exil et la disgrâce,
* La mort sont mon loyer ? Que le monde à leur race
* Prodigue l'infamie et que de leurs grandeurs,
* Croulant sur leurs tombeaux, s'éteignent les splendeurs !
Rois qui m'avez damné, partageons le salaire !
(A Doña Juana, dont il se rapproche.)
La mort de ton époux fut l'œuvre de ton père !
J'ai tué par son ordre et n'ai fait qu'obéir.

DOÑA JUANA.

Mon père que j'aimais !

MOSEN FERRER.

Il fallait le haïr,
Ce monstre, à qui tu dois ton surnom d'insensée!

DOÑA JUANA.

Mon père que j'aimais!... Achève la blessée...
Parle-moi de Carlos! Est-il vrai qu'à son tour?...

MOSEN FERRER.

Pour mieux te dépouiller, il te prive du jour!

DOÑA JUANA.

Mon fils!... Tous ceux que j'aime alors... O triste vie!
Mon malheur par l'amour croît et se ramifie...
Ma mère a commencé, ma mère m'aimait peu.
Un jour, dans mon enfance, ayant fui loin du feu
Où se tordait un More accusé d'imposture,
Je me vis sur son ordre infliger la torture.
Mon époux, après elle, avec quelle rigueur
N'a-t-il pas tourmenté, tyrannisé mon cœur!
Loin de lui, que de fois, par l'angoisse envahie,
J'ai veillé dans le deuil de mon amour trahie!
L'amour a fait mes maux, lui qui fait les heureux!
Parents, époux, enfants, j'ai tout souffert par eux...
Oh! je t'étoufferai, cœur trop plein de tendresse!
Périsse en moi mon âme!... Abîme de détresse!
N'aimer que des ingrats et vivre dans la mort!
Que t'ai-je fait, mon Dieu, pour me faire un tel sort?
Après mon père, hélas! mon fils!... Et toi, ma fille,
Que me réserves-tu?... J'ai peur de ma famille.
(Elle repousse Catalina qui tout près d'elle l'écoute et la regarde, tremblante.)
Va!

CATALINA, *s'attachant à elle.*

Maman !

DOÑA JUANA.

De ce nom il m'appelait aussi,
Lui ! — Va !
(*Au marquis de Denia.*)
Je vous la rends. Que ferait-elle ici ?

CATALINA, *avec des sanglots.*

Pourquoi me chasses-tu ?

DOÑA JUANA.

Pour te joindre à ton frère.
Près de lui, tu vivras dans un palais !

CATALINA.

Ma mère,
J'aime mieux ta prison. Garde-moi près de toi !

DOÑA JUANA.

Je connais mes enfants désormais !... Va ! Le roi
A rappelé sa sœur, et le roi, c'est le maître !
C'est le digne héritier de son royal ancêtre...
Morts et vivants, soyez maudits ! Je sens enfin
De mon sang criminel fermenter le levain...
Je hais ceux que j'aimais !... Toi qui m'as engendrée,
Toi sorti de mon sein, par tous deux torturée,
Je vous hais, mes bourreaux !

(*Tout à coup, son regard se fixe, effaré, sur don Arias qui, saisi d'épouvante, serre
nerveusement la main de doña Floresta, non moins émue que lui.*)

Et toi, Philippe, et toi,

Ingrat ! oses-tu bien l'amener devant moi,
Dans mon propre palais, ta maîtresse vénale ?
Ne la regarde pas ainsi ! La bacchanale
Finirait dans le sang... Prends garde ! Je saurai
Arracher tout cet or de son front adoré !

(Elle s'élance, saisit la dague d'un garde et, la brandissant, elle se précipite sur
doña Floresta.)

Vois-tu ce fer ? Je vais t'enlever, fille impure,
De ce flot de rayons la trop belle parure !

DON ARIAS.

Arrêtez !... Floresta !

(Il la désarme.)

CATALINA, au comble de la frayeur.

Maman !

DOÑA FLORESTA.

Ah ! revenez
A vous, ma reine ! hélas !

DOÑA JUANA, allant se réfugier auprès de Mosen Ferrer, qu'elle prend pour
son père.

Vois leurs bras enchaînés,
Mon père ! Défends-moi !

(Lui montrant son bras.)

Regarde : il m'a meurtrie !
Il est beau comme un dieu, je suis laide et flétrie...
Épouse méprisée, en vain je l'ai fait roi :
Mes baisers, il les fuit !... Rien ne lui plaît de moi !...
Il ne peut me souffrir... Protège-moi, mon père !...
Ah ! tu m'as trop vengée !... O veuvage !... ô misère !...

Je n'ai plus dans mes bras qu'un cadavre glacé !...
Qu'as-tu fait ? Vois mon cœur, père : tu l'as brisé !

(Elle se laisse tomber à terre et fond en sanglots.)

SCÈNE VIII

Les Mêmes, LE DOCTEUR SOTO, puis LES NEUF DÉLÉGUÉS DES CORTÈS.

LE DOCTEUR SOTO, entrant avec précaution et s'approchant du marquis de Denia qui, comme tous les assistants, est plongé dans la stupeur et semble atterré.

Marquis, les délégués.

LE MARQUIS, tressaillant.

Qu'ils viennent!... qu'ils se hâtent !

Le docteur Soto fait signe d'entrer aux délégués groupés dans le couloir que laisse voir la porte ouverte.

LE MARQUIS DE DENIA.

Entrez et regardez !

(Pendant que les délégués entrent et se rangent en demi-cercle, doña Juana, dont les sanglots ont cessé, les regarde d'un air égaré, qui peu à peu devient terrible. A la fin, elle s'écrie :)

DOÑA JUANA.

Que les foudres éclatent !
Que les démons en foule accourent de l'enfer !
Les voilà réunis : Fernand, Carlos, Ferrer !
Tous les monstres sont là ! L'heure sonne, et la porte
Sur ses gonds d'airain, tourne... Ah !... Que la bête sorte !

L'œil flamboyant, le poil hérissé, plein de faim,
Il bondit, le Chien rouge, et mord, et mord sans fin !...
Arrête !... C'est mon père !... Horreur ! Il le dévore !...
C'est mon fils !... monstre sourd, vainement je l'implore !...
Il s'acharne à sa proie... Oh ! ce sang dans la nuit !...
J'ai peur !... Laissez-moi fuir !... Le Chien rouge ! Il me suit !

(Elle pousse des cris effroyables et, blême, effarée, échevelée, elle se précipite en
bondissant et disparaît par la porte du fond, suivie de doña Floresta éperdue,
de Catalina et de don Arias.)

SCÈNE IX

LE MARQUIS DE DENIA, LE DOCTEUR SOTO, MOSEN FERRER, L'ENVOYÉ DE CHARLES-QUINT, LES DÉLÉGUÉS DES CORTÈS.

LE MARQUIS DE DENIA.

Ah ! de sa déraison preuve trop éclatante !
Ce spectacle effrayant a passé mon attente !

LE CHEF DES DÉLÉGUÉS.

Dieu veut sa déchéance : elle est folle en effet.

LE MARQUIS DE DENIA

Ne parlez pas de Dieu !...

(Se laissant tomber sur un siège.)

Mon roi !... Qu'avons-nous fait !

ACTE CINQUIÈME

ACTE CINQUIÈME

La chambre de la Reine, voûtée et hermétiquement fermée, éclairée
faiblement par une petite lampe, qui est posée sur une petite table,
près du lit. A droite, un escalier. A gauche, au fond, une alcôve aux dra-
peries sombres, garnie d'un lit armorié. Un guéridon; un prie-dieu; un
fauteuil. Sur le mur, des tableaux de sainteté, parmi lesquels une Mater
Dolorosa, une crucifixion et une grande croix d'ébène sur laquelle est
attaché un Christ en ivoire. Une horloge.

SCÈNE PREMIÈRE

DONA JUANA, DOÑA FLORESTA.

DOÑA JUANA.

Floresta!... Floresta!

DOÑA FLORESTA.

Reine!

DOÑA JUANA.

Laisse-le-faire!
Pourquoi rallumes-tu la lampe funéraire?

Je veux m'accoutumer à la nuit du tombeau.
Laisse la maigre main, qu'empourpre ce flambeau,
Éteindre, avec le sang qui de ses doigts ruisselle,
Du soleil disparu cette obscure étincelle.
Que veux-tu que je fasse encor de la clarté?
N'ai-je pas assez vu ce noir plafond voûté
Et ces livides Christs sur ces parois funèbres?
Laisse autour de mes yeux s'épaissir les ténèbres :
Je suis lasse à la fin de voir ce que je vois!

(Elle se soulève et s'appuyant sur son coude.)

Depuis combien de temps le vois-je sur sa croix,
Ce Dieu que l'homme plaint, pour qui le monde pleure,
Heureux supplicié, qui n'a souffert qu'une heure!
Et sa mère?... Mater Dolorosa!... Non, non :
La mère de Carlos seule a droit à ce nom!

(Le beffroi sonne douze heures. Doña Juana les compte une à une sur ses longs
doigts de squelette.)

Minuit.

DOÑA FLORESTA.

Non, c'est midi. Permettez qu'on apporte,
Reine, votre repas.

DOÑA JUANA.

Mon repas?... Je suis morte;
Je n'ai besoin de rien. Qu'on me laisse dormir!

(Elle se rallonge sous les draps et se tourne du côté du mur.)

SCÈNE II

Les Mèmes, LE MARQUIS DE DENIA

LE MARQUIS.

Je dois vous empêcher de vous laisser mourir.
Il faut rompre le jeûne, Altesse. Qu'on se lève !

DOÑA JUANA.

Je ne puis.

LE MARQUIS.

Je le veux.

DOÑA JUANA.

                    L'arbre n'a plus de sève :
C'en est fait ! C'est fini ! Vous menacez en vain ;
Je ne goûterai plus ni le pain, ni le vin.
Essayez ! Appelez tous vos tortionnaires.
Qu'ils pressent dans l'étau ces poignets centenaires,
Qu'ils suspendent mon corps et qu'ils brisent mes os :
Ma faiblesse défie et vaincra vos bourreaux !
J'ai soixante-seize ans derrière moi, flots d'ombre
Dont le gémissement remplit ce siècle sombre ;
Mais plus ils sont nombreux, moins il en reste encor...
Devant moi, rien ! le vide, où point ton aube d'or,
Des pauvres affligés pâle consolatrice,
Si longtemps invoquée, ô mort libératrice !

LE MARQUIS.

Vous invoquez la mort et vous offensez Dieu !
Vous ne priez jamais, vous fuyez le saint lieu ;
Sans frein au désespoir votre âme s'abandonne
Et se ferme, obstinée, au prêtre qui pardonne.

DOÑA JUANA.

C'est à moi seule, à moi de pardonner !

LE MARQUIS.

                                        Craignez
De finir en impie !

DOÑA JUANA.

                        Oh ! de grâce, épargnez
D'un autre enfer encor la vue à ma pensée !
Sur le fumier de Job sans cause terrassée,
J'éprouve comme lui le besoin de crier
Anathème à ce Dieu que j'aimais à prier !...
De son iniquité quel témoin que ma vie !
Qu'il parle, s'il existe, et qu'il se justifie !

SCÈNE III

Les Mêmes, DON ARIAS.

DON ARIAS, qui porte les sandales et l'habit des hiéronimites et qui, debout sur
    la dernière marche de l'escalier, a écouté les paroles de la Reine, s'avançant :

Si Dieu n'existe pas, pourquoi l'accusez-vous ?
S'il existe, que peut contre lui ce courroux ?

Apaise ta révolte et soumets ta souffrance,
Chrétienne : laisse en toi refleurir l'espérance !
Dieu se justifiera, n'en doute pas. Je viens
Du pied de ses autels t'enlever tes liens,
O royale martyre, et tes haines charnelles.
Va, va cueillir la palme aux plaines éternelles !
La douleur sanctifie, et nul ne pleure en vain :
Toute croix touche au ciel ; tout calvaire est divin !
Prêtre, j'absous la reine et, de ce monde infâme,
Je rappelle et je rends au paradis son âme !

DOÑA JUANA, calme et radoucie.

Que je meure, il suffit !

DON ARIAS.

Mais, avant de mourir,
Une dernière épreuve encore.

DOÑA JUANA.

Encor souffrir !

DON ARIAS.

L'empereur repentant implore de sa mère
Un entretien.

DOÑA JUANA, avec égarement.

Mon fils ?... Qu'il vienne avec mon père !
Je veux les voir ensemble : ils m'aimaient tant tous deux !
Pourvu que le Chien rouge et l'autre, plus hideux,
Mosen !... Sommes-nous pas le Jeudi Saint ? La Pâque
Après la Passion, après la brume opaque

L'azur... et le triomphe après l'enterrement...
Que d'hôtes à la fois! Quel éblouissement!

(Une pause, après laquelle, d'un air ravi, elle récite à demi-voix :

     * Debout sur le pilastre
     * D'un temple fabuleux,
     * Une fée aux yeux bleus
     * Tient dans sa main un astre.

     * L'astre brille et mon cœur
     * Épris soudain palpite.
     * — Le veux-tu, ma petite? —
     * Dit un oiseau moqueur...

J'avais seize ans alors : j'étais brune, mais belle;
Infante de Castille et du sang d'Isabelle,
Je... Je délire encor!

(Elle se couvre les yeux de ses deux mains et reste ainsi pensive et muette.)

DON ARIAS, à doña Floresta et à son père.

Prions pour elle... Hélas!

(Un silence.)

DOÑA FLORESTA.

Je ne m'attendais plus à vous revoir, Arias.

DON ARIAS, ému, mais se contenant.

Ma sœur!... Rien ne survit en moi de l'ancien homme.
Ce n'est point de ce nom que le cloître me nomme.

DOÑA FLORESTA.

Ce nom, de ma mémoire il n'est sorti jamais!

DON ARIAS, de plus en plus troublé.

Les voilà donc blanchis, ces cheveux que j'aimais !

DOÑA FLORESTA.

De nos songes dorés, voilà tout ce qui reste !...
A vous revoir, je sens comme un frisson céleste,
Un regret, d'amertume et de douceur mêlé,
Fantôme du bonheur sans retour envolé !

DON ARIAS.

Sainte, qui n'as vécu que pour elle, victime...
De la victime, amie héroïque et sublime !

DOÑA FLORESTA.

Ne pouvant être à vous, je fus à la Douleur !

(Elle désigne la Reine. Le marquis de Denia qui, pendant toute cette scène, s'est
tenu à l'écart, à genoux sous le crucifix, dévorant des yeux son fils, s'approche
de lui, avec embarras, d'un air suppliant.)

LE MARQUIS DE DENIA.

Et moi ?... J'ai pris ma part aussi de son malheur.
Pour remplir ma consigne et mon devoir austère,
Oublié, renié, j'ai vieilli solitaire,
Privé de ta tendresse et me rongeant le cœur,
Mon fils !

DON ARIAS, sur l'escalier, avec gravité, impassible.

Repentez-vous, pécheur ! votre empereur
S'est repenti.

(Il sort.)

DOÑA JUANA, sortant tout à coup de sa torpeur.

Qu'il vienne !... Oui, oui, qu'on l'introduise !

Non!... d'abord... attendez!... Que sur ma tête grise
On pose ma couronne, et que de ce grabat
On m'aide à retirer mon squelette.

(Doña Floresta, qui lui a ceint la couronne, l'aide à descendre du lit. La Reine s'y
appuie un instant, debout, les pieds posés à terre.)

									Stabat
Mater Dolorosa!...

(Elle fait quelques pas, non sans effort, s'arrête, puis rejoint le fauteuil, où elle
se laisse tomber.

			C'est bien! Mon pied chancelle,
Mais non mon cœur.

				(Au marquis de Denia.)
			Allez.

					(A doña Floresta.)
					Merci de votre zèle,
Je veux demeurer seule avec lui. Je l'attends.
Qu'il se hâte!... La mort me laisse peu d'instants.

(Le marquis de Denia reparaît précédant Charles-Quint. Puis aussitôt tout le monde
sort. Un long silence suit, pendant lequel la vieille reine mourante fixe ses yeux
sur l'empereur, qui baisse les siens et demeure immobile, dans une attitude acca-
blée, sans oser ni avancer ni parler.)

SCÈNE IV

DOÑA JUANA, CHARLES-QUINT.

DOÑA JUANA.

C'est vous, Carlos? C'est vous, l'empereur d'Allemagne?
L'invincible César? Le nouveau Charlemagne?

Vous, l'homme sans égal, et qui du genre humain
Portez la destinée au creux de votre main?
Le Roi, le Dieu vivant, dont le soleil à peine
Dans son large parcours embrasse le domaine?
Qu'on adore à genoux, qu'on admire et qu'on craint?
A qui tout obéit, même Dieu? Charles-Quint,
Glorieux empereur, c'est vous?

CHARLES-QUINT, se découvrant.

C'est moi, ma mère.

DOÑA JUANA.

Quel nom me donnez-vous! Le maître de la terre
Serait mon fils, à moi, qui meurs sous ces haillons?
Un fils, si je l'avais, armant ses bataillons,
Pour rasseoir sur mon front ma couronne usurpée,
Contre l'usurpateur eût tiré son épée;
Il eût repris sa mère aux mains de l'empereur...
Contre lui, contre vous, — sortez de votre erreur —,
Un fils m'eût défendue, un fils m'eût protégée;
Et j'eusse vécu reine, ou je mourrais vengée!

CHARLES-QUINT.

Vous l'êtes! Le remords, ce justicier sacré,
Vous venge dans mon cœur de vos douleurs navré.
Votre image assidue, et votre nom, ma mère,
A toutes mes splendeurs mêlent votre misère;
L'écho de vos sanglots me suit partout, hélas!
Et dans tous mes palais, je vois Tordésillas.
Il n'est point de triomphe où soudain n'apparaisse,
Des fleurs, des chants, des feux éteignant l'allégresse,

Comme un spectre vengeur, votre front maternel.
« Faux grand homme, rougis! Tu n'es qu'un criminel »
Crie alors en moi-même une voix qui me semble
Monter des profondeurs de l'histoire, et je tremble,
Aigle qu'on prive d'air en le privant d'orgueil!
Vos pleurs tachent ma pourpre et ma gloire est en deuil.

DOÑA JUANA.

Ce beau remords, Carlos, est prudent : il s'exprime
Juste à l'heure où ma mort scelle l'œuvre du crime.

CHARLES-QUINT.

Que de fois j'ai maudit, au sommet du pouvoir,
L'État et mon génie et mon royal devoir!

DOÑA JUANA.

Quel était ce devoir?

CHARLES-QUINT.

                    Celui de tout grand homme
Né roi : recommencer l'œuvre immense de Rome :
Unir en un faisceau tous les peuples divers
Et, sous un sceptre unique, apaiser l'Univers!

DOÑA JUANA.

Or, j'étais un obstacle entre vous et ce rêve.

CHARLES-QUINT.

Il fallait abdiquer, ma mère! Alors...

DOÑA JUANA.
                              Achève!

Généreux, tu m'aurais alors laissé ma part
De soleil ; j'aurais pu réjouir mon regard
De la beauté du ciel ; car, du haut de mon trône,
Du droit de vivre, alors, tu m'aurais fait l'aumône.
Il m'eût permis, alors, d'exister ! il m'eût fait,
Ce magnanime fils, grâce de son forfait !
Mais, fidèle à mon sang, je voulus rester reine.
Tu frémis, et, sur moi laissant tomber ta haine
Tu me pris aux vivants et, dans cette prison,
Pour régner sans péril, tu tuas ma raison !
Sacré par ma démence, homme indigne de vivre,
Écarte la vapeur de l'encens qui t'enivre :
Tu te crois Charlemagne, et tu n'es que Néron !

CHARLES-QUINT.

Ne sois pas implacable : épargne-moi ce nom !
* Reconnais ma grandeur : j'ai reconnu mon crime !

DOÑA JUANA.

* La justice est la loi, la borne d'or sublime :
* Qui l'ose franchir, tombe et se prive à jamais
* Du laurier des héros qu'en vain tu te promets !

CHARLES-QUINT.

J'ai vaincu Barberousse et j'ai dompté l'Afrique,
J'ai pris au pape Rome, à Satan l'Amérique ;
J'ai tenu pantelants, sous mon talon de fer,
Trois colosses : François, Soliman et Luther !

DOÑA JUANA.

Et ta mère, César puissant ! Les trois colosses
Se sont tous relevés : seule, à tes coups féroces,

Mon âme épouvantée a succombé... Mon fils,
Es-tu content? Je meurs ta victime, et tu vis
Et longtemps tu vivras dans le bruit du tonnerre.
Mais... viens! Contemple enfin la folle légendaire.
Prends la lampe, viens voir ces bras qui t'ont bercé.
Regarde ce sillon : tes bourreaux l'ont creusé.
Viens mirer dans mes yeux ma pensée égarée...
C'est toi qui l'as troublée, âme dénaturée!
Que t'avais-je fait? Dis! Je t'adorais! Comment,
Durant un quart de siècle, impitoyablement,
M'as-tu pu torturer, toi dont la tête chère
A si souvent dormi sur ces genoux?

CHARLES-QUINT.

> Ma mère,

Pitié!

DOÑA JUANA.

De qui?

CHARLES-QUINT.

Pardon!

DOÑA JUANA.

> Tu demandes quartier?

Toi, vainqueur, empereur, césar, dieu, maître altier,
Dont l'orgueil ici même, auprès de l'agonie,
Osait parler d'exploits, de gloire et de génie!
Ton crime est seul présent entre ta mère et toi.
Fils impie, à genoux! à genoux devant moi!

CHARLES-QUINT, hésitant, luttant une seconde, puis fléchissant le genou.

Oui... je veux expier. Parle ! Ordonne ! Décide !

DOÑA JUANA.

Voici mon juste arrêt. Écoute, parricide.
Sur le trône usurpé tu ne dois pas mourir !

CHARLES-QUINT, révolté, se relevant à demi.

Moi !

DOÑA JUANA.

Songe à te soumettre ! Expier, c'est souffrir.

CHARLES-QUINT.

Souffrir, oui : m'avilir, non ! Jamais !

(Il se relève tout à fait).

DOÑA JUANA.

Je l'ordonne.
* Obéis, si tu veux que ta mère pardonne.

CHARLES-QUINT.

* J'ai toujours commandé : je ne sais obéir !

DOÑA JUANA.

* Apprends ce que tu m'as appris, Carlos !

CHARLES-QUINT.

Trahir
* Mes peuples et ma gloire, et finir comme un lâche !
* Abandonner, vivant, sans l'achever, ma tâche !

DOÑA JUANA.

* Tu te crois nécessaire : aucun homme ne l'est.
* Renonce à tes grandeurs !

CHARLES-QUINT.

Révoque ton arrêt !

DOÑA JUANA.

Tu dois, dans ta vigueur, déposer la couronne ;
* Et, le front nu, sortant du bruit qui t'environne,
Dans les mains de ton fils, armé de tous tes droits,
Résigner ta puissance et les honneurs des rois.
Sous la cendre, expiant la soif du diadème,
Le père doit mourir sujet du fils, de même
Que je meurs ta sujette.

CHARLES-QUINT.

Et si mon fils sur moi ?...

DOÑA JUANA.

Cette expiation que j'exige de toi,
C'est le prix du pardon.

CHARLES-QUINT.

Ah ! cherches-en une autre !
Nous mourrons dans la pourpre : elle est deux fois la nôtre !
Par les hommes et Dieu choisi, nommé, sacré,
Je suis maître du monde et je le resterai !
Laisse l'aigle planer : il a droit à la cime !

DOÑA JUANA.

Il n'a droit qu'à l'enfer, s'il n'efface son crime !

CHARLES-QUINT.

Dieu sera plus clément !

DOÑA JUANA.

Il ne serait pas Dieu,

Monstre, s'il t'épargnait ! Voici mon dernier vœu :
Ecoute !

(Elle se soulève et, terrible, elle agite son bras, en s'écriant) :

Sois maudit !

CHARLES-QUINT, éperdu.

Ciel !.. Non !.. pas d'anathème !

Mère !

DOÑA JUANA, retombant épuisée.

Va ! laisse-moi ! C'est mon heure suprême...

Laisse-moi mourir ! Pars !

(Appelant.)

Floresta !.. Le cercueil !...

Mon cercueil !.. Floresta !

SCÈNE V.

Les Mêmes, LE MARQUIS DE DENIA, DON ARIAS,
DOÑA FLORESTA.

CHARLES-QUINT, au comble de l'épouvante, se jetant, devant tout le monde,
aux genoux de sa mère.

J'abaisse mon orgueil

A tes pieds... Calme-toi ! Ton arrêt est sévère,

Mais digne de mon cœur. J'obéirai, ma mère.

(Se relevant, avec grandeur et solennité.)

Devant la majesté du Christ, notre Seigneur,
Et de toi, notre Reine et Mère, sur l'honneur,
Nous promettons ici de déposer le globe,
Et le glaive et le sceptre et de vêtir la robe
Du pénitent qui pleure à genoux devant Dieu.

(Du geste, il désigne Don Arias agenouillé.)

Et ce que nous jurons, nous le ferons sous peu.

DOÑA JUANA, aux assistants.

Vous avez entendu !

(A Charles-Quint.)

C'est bien. — Prends la couronne
Que tu m'avais ravie et qu'enfin je te donne.

CHARLES-QUINT, repoussant la couronne d'un geste de dédain et d'horreur.

Tu ne m'as pas encor pardonné !

DOÑA JUANA.

Viens, mon fils...
Tu n'es plus que mon fils... Vis pour expier !.. Vis !..
Moi je meurs, apaisée et, bientôt endormie...

(A Doña Floresta, la regardant avec un sourire affectueux et triste).

Toi qui les essuyais, clos mes yeux, mon amie !

(Charles-Quint s'incline sur elle; elle se soulève, le regarde une dernière fois et
expire.)

FIN

VARIANTES

Voici le début de cette scène, si on veut se dispenser de faire défiler le cortège sous le crucifix.

> MOSEN FERRER, *allant au-devant de la Reine.*

Altesse...

> DOÑA JUANA.

Que le char s'arrête et que le psaume

etc., etc

Le cercueil, porté sur un char à brancards, est déposé sur le seuil de la porte, et le cortège se range autour de lui.

ACTE III, SCÈNE III, page 74.

> On discerne si mal la ligne, pâle et mince,
> Qui du sage et du fou sépare la province!
> La Raison! La Folie! Eh! qui ne les confond,
> Ménechmes de l'esprit, Janus au double front?

MÊME ACTE, SCÈNE X, page 93.

> DOÑA JUANA.

Carlos, que veux-tu dire?

CHARLES-QUINT.

Un souffle orageux passe
Sur l'Europe à cette heure et gronde dans l'espace
Après avoir langui mille ans, rasé le sol,
L'esprit humain reprend l'audace de son vol.
D'un besoin d'inconnu toute âme est possédée :
Luther va grandissant et Rome est débordée ;
Le monde ancien vacille, et, sous ses murs croulan s,
La Liberté se dresse, idole aux bras sanglants.
Régner, c'est maîtriser ces forces. Quel génie
Il faut à l'ouvrier de la tâche infinie !
A moins d'en fuir la charge en prince fainéant,
Oui, pour porter ce siècle, il faut être un géant !

ACTE IV, SCÈNE II, page 107.

Enfin ! Il est tombé !... Noblement !... Que m'importe ?
Je la tiens, son épée ; et lui... Mon roi l'emporte !

MÊME ACTE, SCÈNE III, page 113.

LE MARQUIS DE DENIA.

Assez ! — Tenez-vous prêt à mes ordres.

LE DOCTEUR SOTO, *sortant.*

Hélas !
Pourquoi t'ai-je quittée, ô paix du cloître !

LE MARQUIS DE DENIA.

Arias !

Paris. — Imp. Paul Dupont (Cl.) 26.5.93.